新营销手册

THE
NEW MARKETING
PLAYBOOK

业务增长的
全新工具与技巧

THE LATEST TOOLS
AND TECHNIQUES TO GROW YOUR BUSINESS

[英] 里奇·梅塔（Ritchie Mehta）/ 著

葛晓帅 王梦 翟红华 / 译

中国广播影视出版社

图书在版编目（CIP）数据

新营销手册：业务增长的全新工具与技巧 /（英）里奇·梅塔（Ritchie Mehta）著；葛晓帅，王梦，翟红华译. —— 北京：中国广播影视出版社，2024.1

书名原文：The New Marketing Playbook: The Latest Tools And Techniques To Grow Your Business

ISBN 978-7-5043-9140-7

Ⅰ. ①新… Ⅱ. ①里… ②葛… ③王… ④翟… Ⅲ. ①营销 – 手册 Ⅳ. ① F713.5-62

中国国家版本馆 CIP 数据核字（2023）第 236528 号

新营销手册：业务增长的全新工具与技巧

[英] 里奇·梅塔（Ritchie Mehta）　著

葛晓帅　王　梦　翟红华　译

策　　划	颉腾文化	
责任编辑	王　萱　赵之鉴	
责任校对	张　哲	

出版发行	中国广播影视出版社	
电　　话	010-86093580　010-86093583	
社　　址	北京市西城区真武庙二条 9 号	
邮　　编	100045	
网　　址	www.crtp.com.cn	
电子信箱	crtp8@sina.com	

经　　销	全国各地新华书店	
印　　刷	文畅阁印刷有限公司	

开　　本	710 毫米 × 1000 毫米　1/16	
字　　数	223（千）字	
印　　张	19	
版　　次	2024 年 1 月第 1 版　2024 年 1 月第 1 次印刷	

书　　号	ISBN 978-7-5043-9140-7	
定　　价	89.00 元	

19世纪末20世纪初的大生产催生了市场营销这门学科。紧随其后的大萧条和第二次世界大战（以下简称"二战"）使整个世界都陷入了绝望，市场营销也随着商业活动的减弱而少有人关注，但这一时期是市场营销理论的成形时期，其标志是1937年美国市场营销协会（AMA）的成立。电视机也从这一时期开始进入人们的生活。从20世纪50年代开始，商业活动恢复并进入黄金时期，市场营销也开始不断发展。在这个时期，企业关注的重点从生产转向产品，出现了USP理论、4P理论等。到了60年代，市场营销又从产品观念走向用户观念。"现代营销学之父"菲利普·科特勒在1967年出版的《营销管理》一书成为营销管理学的经典教材。品牌管理、用户至上的观念也逐渐被企业和用户接受。70年代美国再次出现经济危机，市场营销开始关注竞争、商战、抢占用户心智等差异化生存方式，同时这一时期计算机逐渐进入商业应用领域。80年代以后的市场营销再次回归到以人为中心，个人计算机、互联网等一系列现代信息技术开始进入大众的生活。纵观市场营销这百余年的发展史，我们发现其发展是随着时代和技术的进步而演进的。

当今，我们面临较为复杂的国际国内局势。俄乌冲突爆发，反全球化浪潮在世界各地抬头；信息技术的进步也给营销带来了新的挑战，仿佛昨天还在讨论网购和微商，今天已经全民直播带货了。智能手机和社交媒体成了我们日常生活的重要组成部分，甚至成了很多人的生活重心。市场营销如何应对这一系列的新变化和新挑战？里奇·梅塔的这本新书正是一本可以供您参考的实用手册。

本书作者里奇·梅塔出生在印度孟买，在那里度过了童年，后移居英国，并在那里获得了四个学位。他是一名无界学习者，涉猎广泛，同时他的主要关注方向——市场营销，是他大学入学前就已经确定好的，并一直坚持至今。里奇现在是营销学院（www.schoolofmarketing.co）的CEO。营销学院是为了帮助年轻的营销人员和创业者开办的一个学习平台。在开办营销学院之前，他已经教授市场营销近八年之久，现在他也是营销学院的导师之一。

本书可以看作是作者在多年的营销实践和教学指导中获得的经验总结。英美国家的书籍有一个好处，那就是它们通常会把某件任务分解，然后总结成模型，读者可以在不去深入了解背后理论的基础上按照模型来应对实践中遇到的大部分挑战。我们在这里不是鼓励大家忽视理论，而是想表明这本书是理论书籍的补充。虽然书中没有明确提及营销理论，但可以看到贯穿全书的理论指导就是当前营销界形成的新共识，即**用户价值是整个营销的基准**。这一点可以从AMA对市场营销的最新定义中看出来。AMA在2004年将市场营销定义为"一项有组织的活动，它包括创造价值，将价值通过沟通输送给客户，以及维系管理公司与客户间的关系，从而使公司及其相关者受益的一系列过程"。作者将理论作为背景融入全书，在书中呈现的是最新的工具和模型（包括影响者营销、社交媒体营销、手机营销等），可以帮助读者应对当前正在面临的挑战。

市场营销学是一门综合学科，涉及经济学、心理学、行为科学、管理学等。这种跨学科的书籍可能会给读者带来阅读压力，但您手中这本书读起来非常轻松。一是因为全书的总体逻辑非常清晰，将客户、品牌、市场用营销串联起来。二是因为每一章的写作都遵循了金字塔模式，即先概括，再分述。每一章针对一个问题展开，其又分为几个小节，每个小节针对更具体的问题，在每个小节中都有可以直接使用的技巧和套用的模板。

李笑来在《财富自由之路》一书中提出了"最少必要知识"（minimal actionable knowledge and experience, MAKE）的概念，即80%的工作可以通过掌握20%的知识来解决。这本书可以看作市场营销学的"最少必要知识"，在掌握以后可以应对大多数营销任务。市场营销的新人可以把这本书作为入门指南，市场营销的老将也可以从这本书中找到最新的营销技术和模型。

虽然这本书中以脸书（Facebook）等海外公司作为案例，但国内互联网公司的技术与创新同国际互联网公司之间的差距越来越小，甚至有的已经领先世界。国际互联网公司提供的服务，国内基本也可以找到类似的版本。相信聪明的读者肯定可以举一反三、触类旁通，将书中的技术运用到您的营销活动中。

市场营销学涉及的知识范围非常广泛，译者在翻译本书的过程中，翻阅了大量的书籍，也参考了海量的网络资料，但营销技术日新月异，许多词语尚没有普遍接受的汉语译法，因此译者采取的策略是尽量贴切翻译，并多加注释。同样，一些新兴的公司、企业没有汉语译名，考虑到读者可能会搜索相关信息，我们保留了这些专有名词的英文名。尽管在翻译过程中已尽力而为，但由于时间紧迫，加之译者水平有限，错讹之处在所难免，恳请读者批评指正。

能够完成本书的翻译，首先我们要感谢家人的支持与陪伴，没有他们的默默付出，我们难以有时间来完成翻译任务。我们还要感谢北京颉腾文化传媒有限公司编辑的耐心、鼓励与信任。

葛晓帅

2023 年 2 月 28 日于泰山脚下

行业赞誉

关于市场营销的理论类书籍不少，也不乏关于市场营销的实践类书籍。本书则是两者的完美结合！书中框架、练习和模板将使您能够应对任何营销挑战或机遇，并帮助您实现价值。一定要买！

——基斯·韦德（Keith Weed）
英伯瑞超市集团和 WPP 集团（Sainsbury's and WPP）非执行董事

这是一本很好的读物，它将帮助您为您的业务、客户和合作伙伴增加价值，这一点是独一无二的。它会引导您了解最新的工具和技术，并将它们分解为简单易用的模板，您可以将这些模板应用到您的营销活动中。

——玛格丽特·乔布林（Margaret Jobling）
国民西敏寺银行集团（NatWest Group）首席营销官

这是任何对营销感兴趣的人都必备的书，可以一步一步了解营销的实际运作方式。

——贾德普·普拉胡（Jaideep Prabhu）
剑桥大学贾奇商学院营销学教授

这本书是一本非常易懂且可操作的手册，有助于了解最新的营销工具和技巧。这是一本偶然遇到了让您很高兴，但您更希望自己早点发现的书。

——马克·埃文斯（Mark Evans）
Direct Line 营销和数字化董事总经理

急需这本书，它揭开了如何利用营销来创造商业和社会价值的神秘面纱。

——保罗·波尔曼（Paul Polman）
Imagine 董事长，联合利华前首席执行官

营销的基本原理没有改变，但执行工具大不相同。本书完美地捕捉到了这一点，为您提供了对基础知识的全新思考和对新事物的可执行洞察力。

——罗素·帕森斯（Russell Parsons）
《营销周刊》主编

营销界正在以越来越快的速度发生改变。几乎每天都有新的颠覆性的创新、工具、技术和平台进入市场，以吸引客户的注意、激发客户的兴趣、提升客户的参与度。但糟糕的是，我们正在经历一段激烈又漫长的时期，这段时期具有易变性、不确定性、复杂性和模糊性（VUCA[①]），或者简单地用萨尔曼·鲁西迪（Salman Rushdie）的话来说："我们生活在任何事情都可能发生的时代。"

因此，当我们身处如此迅速的变化中时，就引出了一个问题：要怎样做才能让您与自己的组织站在营销游戏的顶端？

很多组织越来越多地求助于营销人员来帮助解释和理解这种模糊性，开辟少走或未走的道路。这是因为营销跟其他职能相比，有一个非常显著的优势，即营销是组织中的客户权益维护者和代言人，这也是营销的基础角色。借助营销，您的组织可以更加了解客户，长期预测并满足客户不断变化的需求和愿望；而这，恰恰是当今时代一个组织最强大的"矛与盾"。

现在已经到了之前所有的培训、经验、营销模式和以往信赖的理念都不足以应对当前新现实的时候。借用马歇尔·戈德史密斯（Marshall Goldsmith）的名言："之前给您带来成功的，并不能让您未来成功。"

这就是本书的用武之地。它是您个人的实用指南，帮助您学习应用所有最新的营销工具和技巧，这样您不仅可以应对新现实，还可以拥有颠覆性的力量，推

[①] VUCA 即 volatility（易变性）、uncertainty（不确定性）、complexity（复杂性）、ambiguity（模糊性）四个英文单词的首字母缩写。——译者注

动组织内部的变革。

使用此手册，您将通过挖掘关于客户的未知信息，开发新的价值主张 ① 和出色的客户体验来满足他们的需求，创建和整合最新工具形成有效的沟通和参与策略，以此来改变您的营销活动，并在最后为您提供迭代和改进营销的新方法。

在此过程中的每一个环节，您都会看到相关的框架、表格、练习、活动和案例研究。这些框架、表格、练习、活动和案例研究旨在让您从不同的角度来思考当前的营销挑战，为您提供应对最复杂情况的路线图。因此，当您面临职业生涯中的关键决策点时，这本书将是您必不可少的无价资源，供您随时翻阅。

本书旨在提供一种互动的、发人深省的体验，您可以使用模板、图形和表格来做笔记、凸显内容、做出自己的分析并创建营销蓝图。最重要的是，本书旨在成为催化剂，让您以结构化和战略性的方式采取行动，最大限度地发挥您的营销潜力。

为了帮助您充分利用这本书，我按照营销的过程将其分解为五个部分：

第一部分：如何了解您的客户并满足他们的需求

您将使用最新的市场研究工具和技术得出见解，以创造新的价值主张与客户体验。

第二部分：如何建立您的品牌

您将打造一个能够与目标受众产生共鸣的品牌，并决定如何与它建立牢固的联系。

第三部分：如何扩大营销规模

您将使用最新的数字工具和技术来接触新的受众并以具有成本效益的方式放大您的信息。

---

① 价值主张指的是企业为客户创造价值的产品或服务。价值主张告诉消费者，他们为什么选择你，而不是你竞争对手的产品。——译者注

第四部分：如何提高客户参与度

您将提高客户参与度，提升他们的购物体验，并将他们变成您品牌的倡导者。

第五部分：如何检验您的营销是否有效

您将能够衡量和迭代您的营销活动，以不断改进成效。

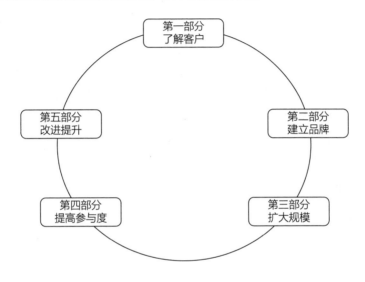

这本书是给谁看的？

这本书适合那些想要利用营销的力量取得成功的人。在您所属的组织中，您很可能渴望成为一个变革者，一个打破陈规的思想者，一个创新者、发起者甚至是缔造者。无论您的角色、级别或行业为何，本书对具有战略性和行动导向型的人来说都是理想之选。即使您的工作头衔中不包含"市场营销"，它也将为您提供能够创造真正变革的优势。

贯穿这本书的一个关键线索是您需要具有企业家精神（或内部企业家精神），积极试验并将该过程视为迭代过程。因此，您需要成为那种想要打破常规、放飞自我、取得显著成果的人。这确实需要一定的企业家心态才能脱颖而出，挑战现状并以不同的甚至可能是非理性的方式思考，当其他人都向左时，您向右。实现这一目标需要勇气、创造力、战略、协作和创新的结合，这些方面都会在您阅读本书的过程中得到提升。

本书对那些希望在营销领域开创职业生涯以及希望使用最新的营销方式为组织创造重要价值的人来说也很重要。通过展示您在任何组织环境中应用上述的工具、技术和平台的能力，该手册将助力您跳转到理想的岗位。

为什么是现在？

这本书当然来得恰逢其时，因为即使是那些看似处于创新前沿的公司，它们在颠覆行业的同时，也正处于崩溃的边缘。例如，有证据表明标普 500 指数公司的寿命从世纪之交的 25 年左右缩短到 20 年后的 17 年左右（顺便说一句，在 20

世纪 60 年代是 60 年左右）。 这主要是由于近年来颠覆和转型的步伐加快，全球新冠疫情大流行进一步加剧了这一趋势。甚至有媒体援引微软首席执行官萨蒂亚·纳德拉（Satya Nadella）的话说，在当前环境下，公司在两个月内就完成了两年的数字化转型。

这揭示了组织的两个重要教训。第一，随着商业模式的快速变化，没有一家公司可以免于破产的风险。第二点或许更令人鼓舞，面对这样的颠覆，组织有可能实现它们以前认为不可能实现的目标。很明显，在逆境中，区分赢家和输家的最重要因素是对客户痴迷的追求。

这种对痴迷的追求让组织能够对客户正在经历的事情产生深刻的理解和同情，并调整其运营方式，使其与新的客户现实相一致。组织实现这一目标的方法是通过营销流程，利用营销人员的全方位工具包来最终走上成功之路。

最有趣的也许是，这其中许多行动不涉及额外的（营销）预算。事实上，与直觉相反——这些行动纯粹依赖于创造力、思维方式的转变以及使用新工具和技术来满足更广泛的社会需求的愿望。

通过使用本书，您也将能够实现这一目标，从而战胜您的组织未来将面临的诸多挑战。

目　录

1

第一部分

如何了解您的客户
并满足他们的需求

第1章

了解您的客户
真正想要什么

每一种营销策略的核心都系于您了解客户的需求和愿望的研究过程。在此基础上，您可以提出引人注目的价值主张，提供出色的体验，进行有效的沟通。因此，了解客户的需求和愿望是您开启营销之旅的最佳起点，接下来本章将帮助您了解如何结合最新的研究工具和技术来发掘有关客户新鲜又有趣的见解。

目前，您可以使用一系列复杂的数据驱动工具和技术来深入了解客户的需求、行为甚至情绪。从社交媒体监听工具到自动化以及人工智能平台，这些都越来越以数字化为导向，为市场研究提供了新方法。

尽管这些简便的新方法有许多优点，但如果因此低估手头任务的难度则是不明智的。我们似乎有越来越多的工具和技术可用，然而如此众多的工具和技术也让您不知从何处着手。当您用这些工具和技术来处理待分析的大量信息时，这会是一项复杂的任务，即使对经验丰富的专业人士来说也不易应对。

因此，为了让您步入正轨，让我帮您创建一个逻辑顺序和流程，以方便您使用这些工具，并向您演示如何使用各种工具来最大化您的研究成果。您需要将您的品牌放置在一个情境中，该情境应该为您提供一个良好的可用分析框架。

这个过程包括四个关键阶段，如图1-1所示。

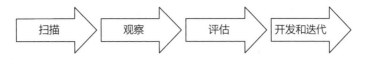

图1-1　用户研究的四个阶段

第1阶段：扫描

该过程的第1阶段是扫描受众的背景和环境。请记住：受众的背景和环境以微妙的方式不断演变，因此持续关注其变化是必需的。

配置合适的工具将此过程自动化不仅会节省时间，还会让我们理解得更准确。让我们从触手可及的资源之一——谷歌开始。虽然我相信您肯定很熟悉这个工具，但这里我还是想分享三个便利的技巧以让您充分利用该平台进行趋势分析。

首先，针对感兴趣的主要话题设置谷歌快讯（Google Alerts）[①]可以切实帮助您实时了解最新趋势。我建议您关注您的主要客户、公司、行业、本地新闻以及您认为与您的受众相关的任何其他领域。我发现这不仅能给我们带来深刻的洞见，而且经常让我们与潜在客户取得联系，这样还可以直接从他们那里了解更多一手信息。

在图1-2中写下您认为最相关的话题。

图1-2　话题收集

其次，生成有关客户的纵向数据极其重要，而这正是谷歌趋势所擅长的。为了说明起见，假设我们对开发或扩展到素食产品线感兴趣。在谷歌趋势中输入"纯

[①] 在谷歌上搜索过的字词拥有新的搜索结果时，谷歌快讯会自动发送电子邮件给注册用户。——译者注

素食主义者"（vegan），您会看到，如图 1-3 所示，在过去几年，搜索词"纯素食主义者"的频率一直在上升，这表明人们对这个话题越来越感兴趣。

图 1-3　谷歌趋势：搜索词"纯素食主义者"

一旦您了解了总体趋势，下一步就是深入挖掘。在谷歌趋势页面中向下滚动并查看相关查询。这将为您指示在总体趋势之下都有哪些搜索对象。

您会看到热门搜索与"纯素食食谱"（vegan recipes）和各种具体的食物相关，如图 1-4 所示。这有助于缩小人们对某种事物感兴趣的范围，这些事物可以帮助我们了解它们"为什么"如此。

相关查询	排序	相关查询	排序
1　纯素食谱	100	6　素食主义者	48
2　纯素食食谱	98	7　纯素巧克力	42
3　纯素食物	90	8　我附近的纯素食主义者	41
4　纯素饮食	55	9　纯素蛋糕	40
5　纯素餐厅	55	10　纯素奶酪	39

图 1-4　谷歌热门搜索结果——纯素食食谱

请在下面空白处记下一些与您关注的趋势相关的搜索：

最后，再深入一点，另一个简单的技巧是查看谷歌的自动完成数据功能。它根据其他人搜索过的内容和当时的趋势预测搜索词。

例如，在上述相关查询的指导下，选择最流行的搜索词"纯素食食谱"，然后将其输入谷歌搜索框。您可以在图1-5中看到，此类别中的热门搜索告诉我们，当提及纯素食食谱时，我们受众的偏好是什么。当考虑客户在纯素食食谱方面可能需要什么时，这些是简单但非常有价值的信息。我建议您使用多个关键词进行这样的查询，看看您能发现什么。

图1-5 谷歌自动完成数据功能

现在，如果您想更深入地了解这些自动完成数据功能的查询结果，这里有一个小技巧。有一个很好用的工具，名为Answerthepublic.com，它用数千个数据点生成一个思维导图，让您轻松地将查询结果可视化。您可以访问该站点并试用该功能。

现在，让我们加深一下自己的理解。在下面的框中，写下您发现的一些主要趋势以及最相关的关键搜索词。

社交媒体监听

现在让我们使用自动化社交媒体监听工具，以便更全面地了解消费者情绪。事实上，众所周知，这些工具是"世界上最大、最开放的焦点小组"。

这些平台允许您扫描和分析消费者的对话、帖子、评论、分享和点赞，这对解释以上发现的一些总体趋势非常有用。有一系列很棒的工具能实现这一点，包括 Buzzsumo、Hootsuite 和 Sprout Social 等。

让我们继续讨论纯素食主题，并使用纯素食类别下搜索次数最多的关键词"纯素食食谱"来说明如何有效地使用这些工具，如图 1–6 所示。使用该类工具，您可以了解一个"热词"如何随时间发生变化并评估受众的参与程度。

在大多数社交监听工具中，您将能够分析大约六个月的热门参与帖子视图，这使您可以深入了解最受欢迎的纯素食食谱类型以及该领域的网络红人。此外，它们还会为您提供这些会话发生地点的细分类目，这对明确到何处寻找目标受众会非常有用，因为这是年龄、地点以及其他人口统计特征和态度特征的有力指标。对您关注的内容进行类似的分析，看看有什么发现。

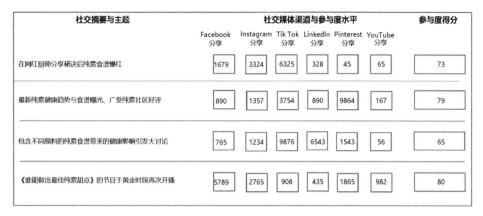

社交摘要与主题	社交媒体渠道与参与度水平						参与度得分
	Facebook 分享	Instagram 分享	Tik Tok 分享	LinkedIn 分享	Pinterest 分享	YouTube 分享	
在网红厨师分享秘诀后纯素食谱爆红	1679	3324	6325	328	45	65	73
最新纯素健康趋势与食谱曝光，广受纯素社区好评	890	1357	3754	890	9864	167	79
包含不同原料的纯素食谱带来的健康影响引发大讨论	765	1234	9876	6543	1543	56	65
《谁能做出最佳纯素甜点》的节目于黄金时段再次开播	5789	2765	908	435	1865	982	80

图 1-6　Buzzsumo 社交监听工具——纯素食食谱

竞争对手扫描

到目前为止，您一直专注于扫描搜索趋势与客户对话。但是，您还必须了解您的竞争对手和更广泛的行业规范，以决定各种风格、基调和产品。为了实现这一点，让我们转向一个不断发展的数字符号学领域。在这里，您可以观察一系列数字资产，如网站、播客、社交媒体页面和客户旅程[①]，以期找到构成客户期望的标准和共性。

您可以选定最受欢迎的竞争对手的网站和播客进行分析，通过此种方式来进行自己的分析、调研。或者，您可以使用一系列工具来生成这种层级的信息。我觉得最有用的工具是 Sparktoro，它可以识别数字资产并进行进一步分析，如图 1–7 所示搜索纯素食食谱页面。前往该平台，看看您能发现哪些关于您的竞争对手和市场地位的信息。或者，您可以使用 Semrush 来分析竞争对手的数字足迹。

现在，您可以调查您的主要竞争对手如何设计、谈论、撰写、分享内容并实现货币化。您还可以比较各种数字资产的受欢迎程度，从而判断哪些有效，哪些无效。

---

① 客户旅程是客户了解、考虑和评估并决定购买新产品或服务的过程。——译者注

图 1-7　Sparktoro 竞争对手与社交分析工具

您现在应该对主要趋势、人员对话以及行业和竞争对手如何应对当前情况都有了很好的了解。这些信息能揭示潜在的差距。图 1-8 是一个简单的模型，您可以使用它来总结想法。

消费者：
他们想要什么？

行业和竞争对手：
他们目前提供什么？

环境：
事情进展如何？

图 1-8　市场现状简要模型

第 2 阶段：观察

目前，有一系列工具和技术可以让您获得第一手资料，让您了解人们在自然环境中的行为方式。

客户旅程分析

首先，您需要进行客户旅程分析，因为它确实有助于查明您的受众在自然环境中的行为方式。

在实践层面，我所见过的最有用的技术是，当您的受众考虑购买某种产品时，请他们亲身或以数字化方式进行体验，而您则需要现场或远程观察。这是一种人种学研究的指导形式，观察者在观察和倾听研究对象的同时做记录，在此过程中寻找他们"为什么"做出某些决定的关键见解。尝试一下！

与您的受众一同去当地的超市或共享其屏幕，观察他们购买的过程，发现他们的显性和隐性行为。

请注意：大多数人都试图确定和定义完美的客户旅程，而在大多数情况下，这样的完美旅程并不存在。事实上，谷歌对数千名用户进行了一项实验，发现没有任何两个旅程是完全相同的。相反，您应该尝试观察旅程中客户遇到的具体痛点，并考虑如何改进，使旅程变为更加畅通无阻的无缝购物体验。

在这里写下您的一些观察，尤其是旅程中的痛点。

在数字空间中，有一系列工具可以帮助我们产生更深层次的理解，如 Crazyegg、Hotjar、Cool Tool 和 Element Human。

让我们讨论一下这些工具能够带来的四项关键技术，如图 1-9 所示。

访问记录	热点地图	眼动追踪分析	情绪追踪
在这里，您可以对客户在整个旅程中的屏幕和声音进行记录	这有助于我们了解在页面的旅程中，哪些地方点击率和参与度最高。它可以帮助您确定旅程中吸引客户的内容，包括范围、文字、图片、视频、优惠等	尽管这需要进行一些设置，但它让我们对客户更加了解，知道他们如何在线查看和互动。它使用运动传感器追踪眼球运动，帮助您了解客户在整个数字旅程中最受吸引的地方在哪里	将语音和面部分析、人类语言使用和手势识别等先进的人工智能技术相结合，能够准确地了解消费者在旅程中的情绪

图 1-9　数字工具带来的四项关键技术

我建议尝试这些技术，看看它们是否能用于您关注的相关情形。

消费者偏好

您现在已经开始了解关键行为，并开始理解为什么您的受众会采取某些行动而非其他行动。理解消费者意图最有力的指标之一是查看他们的购买习惯。为此，一项有用的技术是研究消费者数据，包括评级和评论。让我们前往主要的电商平台，看看能了解到什么。这里有两个简单的步骤。

第1步：确定相关产品

您需要确定与您相关的产品类型并进行搜索。让我举例说明。我们继续纯素食主题。假设您想了解更多关于纯素食香蕉面包的信息，因为它是纯素食食谱中最受欢迎的搜索项。当我在电商网站中输入"纯素食香蕉面包"时，网站上呈现出大量的产品。首先要做的是选择拥有大量评论的产品，因为有大量评论的产品是比较可靠的。

在图1-10中，您可以看到评论数量差异很大。其中，第二款产品的样本量最大，尽管我们发现它还有许多3星及以下的评价，但其总体评价还不错。

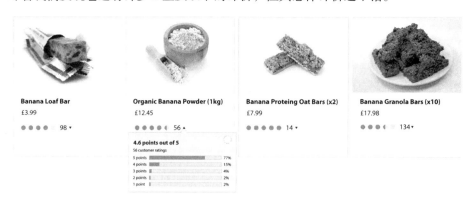

图1-10　在某主要电商网站上搜索纯素食香蕉面包

第2步：调查评级和评论

让我们更深入地研究评级和评论，看看我们是否可以从中获得一些有价值的信息，了解产品"为什么"吸引或不吸引消费者。在下面的例子中，我们可以看到第一个 5 星评价强调的是这样的事实，即对忙着陪伴宝宝的妈妈们而言，纯素食香蕉面包是一种比巧克力更让人可以放开享用的零食。这条评论提供了宝贵的信息，让我们了解这款产品吸引的消费者类型、在什么情况下吸引他们以及选择该产品而不是其他产品的原因。另外，下面这条 1 星评价也很有启发性，它揭示了那些可能具有更高道德立场的人是什么态度。

★★★★★ 忙碌工作的妈妈

忙碌妈妈们手提包里的必备之物。

如果我的包里没有这些东西，我真的不会去任何地方。当我带着宝宝外出时，比如去游泳，它们会派上用场，而且通常是我的救星。我喜欢它的味道，并且只有 140 卡路里的热量，吃的时候感觉很棒。这是巧克力的更好替代品。价格也很合理！

★☆☆☆☆ 斯科特 D.

含有棕榈油 —— 不适合我！

啊，虽然它从技术上讲是纯素食，但它含有棕榈油。味道确实不错，但它含有棕榈油等成分真的很令人失望，尤其是这个品牌正试图打造一种更具环保意识的零食！

现在请自己尝试在电子商务平台上进行这项调查工作，并在图 1-11 中记录您的调查结果。

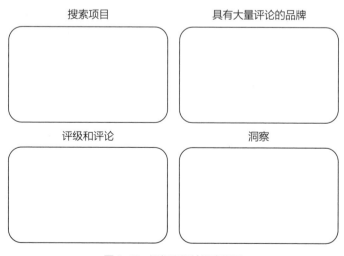

图 1-11　评级和评论调查记录

移动交互和地理位置定位

需要注意的是，人们往往会根据所处的环境做出不同的行为。因此，如果我们能够了解他们在何时何地做某事，我们就可以更准确地预测他们的行为、需求和愿望。这正是移动数据价值无限的地方。例如，谷歌报告称，48%的体验预订是在人们到达目的地后发生的。因此，选择在哪家餐厅吃饭或入住哪家酒店在很大程度上取决于人们做出预订的时间和地点。

那么，您如何才能充分利用移动交互和地理位置定位呢？

您可以通过以下几种方式使用这些技术来更深入地了解您的目标客户。

- **受众识别**：您可以根据位置跟踪与交互找到新的受众。知道某人何时在您附近并对您的产品或服务表示出兴趣会增加他们成为您潜在客户的可能性。使用 Foursquare 等服务，您可以实时获取此类数据。
- **实时调查**：利用社交媒体的力量或在您自己的应用程序中，您可以向"签到"某个位置的人提供推送通知、折扣信息甚至投票问题。这让您可以更深入地了解某人在何时何地与您互动。
- **了解位置总体趋势**：使用移动位置数据，您可以对受众进行宏观和微观层面的洞察。例如，像 Foursquare 这样的服务提供了典型受众位置足迹的宏观趋势。这为您提供了有关在不同时间和地点为他们提供什么产品的重要信息。同时，在使用信标①（beacons）来确定客户浏览方式的商店中，您也可以获得这种级别的信息，这有助于产品摆放和提升整体客户体验。

通过这种对特定行为的观察，我们能够了解您的受众可能会如何行动。请在图 1–12 中记录您的主要观察结果。

---

① 信标基于蓝牙技术，可以提供室内地图等精细位置服务，为特定区域内相关设备提供优惠信息、硬解码定位等。例如最近出现的利用 iBeacons 技术的 APP，允许客户在访问梅西百货零售店时获得基于位置的优惠、商品推荐等，从而改变传统的购物方式。——译者注

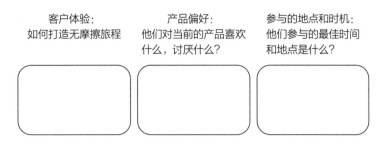

| 客户体验: | 产品偏好: | 参与的地点和时机: |
| 如何打造无摩擦旅程 | 他们对当前的产品喜欢什么，讨厌什么？ | 他们参与的最佳时间和地点是什么？ |

图 1-12　移动交互和地理位置定位调查记录

第 3 阶段：评估

理性检查与有效性

至此，您已经拥有了大量有关客户的信息，并通过该流程了解了他们更广泛的背景、偏好、观点、意见、态度和行为。您在此过程中使用了多个数据源，可以进行交叉引用，这有助于提高结果的准确性。

为了更加保险起见并让您有机会澄清任何潜在的误解，下一步最好进行某种形式的验证研究。您可以使用已经熟悉的技术，包括（在线）投票、（虚拟）深度访谈，甚至使用您现有的数据集进行数据分析。这是三角验证的一种形式，要特别注意您研究中任何潜在的偏见或不准确之处。

在图 1-13 中写下您对打算用于此验证研究的技术以及您希望澄清的内容。

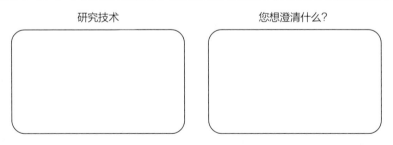

| 研究技术 | 您想澄清什么？ |

图 1-13　验证研究准备工作

现在让我们花一些时间来反思和评估您对客户的了解。这包括三个步骤：第一步是通过建立客户画像来对我们的理想目标受众形成统一的观点；第二步是确定目标市场；第三步是把一些初步的营销目的和目标结合起来，如图 1–14 所示。

图 1-14　评估对客户的了解三步骤

第 1 步：建立客户画像

客户画像是基于您拥有的所有信息（包括人口统计、地理、心理、态度和行为因素）对理想目标客户的漫画化描述。有很多模板可以使用，但都可以归结为几个主要的问题。在图 1–15 的模板中，我使用了纯素食例子中揭示的用户洞察，为您提供了一个示例，并留出了空间供您根据自己的情况来模拟。

第 2 步：确定目标市场

既然您已经清楚地了解目标客户是谁以及他们的动机是什么，那么现在的重要任务就是将这一客户画像投射到现实生活中，并找到这些客户。这不仅可以帮助您提升目标指向方法，还可以让您制定切合实际的目标。有多种方法可以了解潜在市场规模，但我喜欢的是一种切实可行的方法，这种方法还与我们的应对能力相匹配。

这正是您可以有效地使用社交媒体平台进行市场规模调整的机会。让我向您展示如何使用脸书完成此操作（当然，在大多数社交媒体平台上的操作方式都很类似）。

让我们前往脸书广告中心（Facebook Ad Centre）。您可以根据您建立的客户画像，根据人口特征、兴趣和行为来定制目标指向方法。当您在这个脸书工具中聚焦目标受众范围时，您将看到其对整个潜在市场的影响。

他们是谁/他们去哪里/他们做什么？

示例	您的客户
珍30多岁，是一位妈妈，她的时间很有限，她发现兼顾事业和孩子很累，但也很有意义。她注重健康，并在寻找改善家人饮食的方法，这就是她开始关注一系列素食博客和网站的原因	

他们的动机/兴趣是什么？

示例	您的客户
她是一个精力充沛的人，总是试图让自己的一天充满活力。她对游泳和与孩子共度时光感兴趣。她也有道德意识，目前正在考虑素食主义的健康收益和道德收益	

他们目前的痛点是什么？

示例	您的客户
她发现很难找到让饮食更健康的方法，但她对健康饮食特别感兴趣，由于她很忙，所以她经常在社交媒体和其他网站上研究食谱。她不确定有哪些素食食物可供选择，特别是她经常外出就餐，因此她想知道当地有哪些适合她的食物	

如何克服痛点？

示例	您的客户
如果她能在所在的地区找到各种各样的素食，让她感到有所准备，她会很高兴。她还希望帮助她的家人做出更健康的选择，无论是在用餐上还是在零食上。她希望在手机上获得后续支持，这种支持应当很简便，很容易融入她的生活	

图 1-15 建立客户画像主要问题

例如，我聚焦到上述纯素食示例中的人群，发现潜在的市场规模约为1400万人，如图 1-16 所示。

图 1-16　脸书受众选择工具

自己尝试一下，看看您能发现什么。这将影响我们如何创建切实的客户目标，以满足以后的需求。

第 3 步：结合目的和目标

基于所有这些信息，您现在可以制定客户目的和目标。设定现实但有挑战性的目标很重要。图 1-17 是一个简单的首字母缩写词 "SMART"[①]，代表目标中的各项标准。

[①] SMART 一词意为"聪明的"。SMART 目标设定法来源于彼得·德鲁克的《管理的实践》，是一种被广泛采用的目标设定法，分别为 specific（具体）、measurable（可衡量）、achievable（可达成）、realistic（现实性）、timely（有时限）——译者注

具体	一个清晰明确的目标
可衡量	有具体的标准来衡量您是否实现目标
可达成	有挑战性但并非不可能达成
现实性	一个力所能及的现实目标
有时限	有一个非常明确的时间表，包括开始和结束日期

图 1–17　SMART 目标设定法

表 1–1 是您应该考虑的一些关键绩效指标（KPI）和目标类型。请思考您可以达成的合理目标。

表 1–1　关键绩效指标与目标类型

意识 / 显著性	要达成的目标	数字化 KPI	要达成的目标
自然流量增长 品牌再现 品牌满意度		流量 网站平均停留时间 订阅、点赞和分享数	
商业 KPI		**客户 KPI**	
销售利润 每次获取成本		平均客户价值 重复购买的百分比 推荐百分比	

在开发您的 KPI 时，有必要参考 SMART 中的各项指标。

第 4 阶段：开发和迭代

在最后一节中，我们将介绍一些您可以进行的测试，以了解客户对您开发的产品或服务的反应。根据反馈和监控不断检测和迭代您的方法非常重要。

主动实验

现在假设您推出了产品或服务的测试版。为了获得最佳结果,您必须采用"主动实验"的心态,不断进行调整以查看它如何影响性能表现。我建议使用谷歌优化(Google Optimize)进行三种不同类型的测试:

- **A/B 测试:** 这个测试直观明了,您可以将一款产品与另一款产品进行比较,以了解观众更喜欢哪款产品。例如,众所周知,谷歌对其商标中的蓝色不同色号进行了 41 次 A/B 测试。这个测试也可以扩展到产品、内容、位置比较,如图 1-18 所示。

图 1-18　A/B 测试示意图

- **重定向测试:** 这是 A/B 测试的一种变体,但允许您对一个网站中的不同页面设计进行测试。如果您试图确定哪种整体体验对客户更具吸引力,这会非常有用。谷歌优化会根据流量大小自动将某些流量定向到一种网页或另一种网页,以便您准确评估客户的偏好,如图 1-19 所示。

图 1-19　重定向测试示意图

●**多变量测试：** 这是您同时测试两个或多个变量以评估哪种组合效果最佳的方法。同样，谷歌优化可为您开展这种测试，它会自动将客户引导至不同的组合，其测试方式也可以保证结果的可靠性，如图1-20所示。

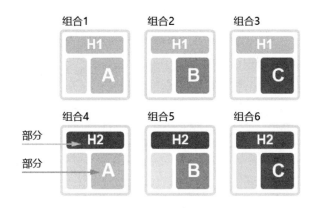

图1-20　多变量测试示意图

进入平台并进行上面推荐的那些测试，在此处写下主要的观察结果。

积极参与和倾听

当客户经历您的旅程时，您应该了解他们如何与您互动并接受他们的反馈。让我们看看有哪些方法可以用来实现这一目标。

首先，您需要设置谷歌分析（Google Analytics）以了解您是否正在吸引目标受众，它还为您提供流量趋势——他们浏览了哪些页面，分别停留了多长时间，购买了什么，甚至购物车弃购。您可以使用这些信息来迭代我们的定位策略并改进客户旅程。

其次，您需要在平台中运用反馈工具，以了解人们的反应。与亚马逊的评级系统类似，您可以使用 Feefo 或 Gong 等工具实现自己的评级系统，以实时监控客服对话。这将为您提供什么对您的客户来说是最重要的实时反馈，以便进行改进。

最后，您可以使用移动应用位置数据来确定人们最有可能在何时何地查看您的各种产品和服务。有了这些信息，您就可以根据时间和场景来定制内容，从而为您的客户提供更加个性化的体验。

图 1-21，可用于得出您在开发和迭代阶段的结论。

图 1-21　开发和迭代阶段结论记录

第 2 章

创造革新的
价值主张

我们现在将专注于了解一个备受用户重视又极具独特性的价值主张如何帮我们确定产品的关键特性和收益。

既然您已经了解了如何通过研究来了解您的客户需要什么，我现在将帮助您建立一个价值主张来满足他们的需求。真正卓越的价值主张对内在本质的理解超越了产品核心功能和优势，着眼于打造具有吸引力的客户体验，能在情感层面对客户产生影响。

以苹果公司的 Airpods 无线耳机为例。它具有一系列引人注目的特性，如世界一流的人体工程学设计、环绕声和市场领先的降噪技术。所有这些特性共同为客户提供了"理智上"的卓越聆听体验。然而，除此之外，人们选择这款苹果设备（甚至支付溢价）而不是竞争对手的设备的原因可能是它常给人们的感觉。从他们开始研究购买 Airpods 无线耳机那一刻开始，到店内服务，再到他们戴着 Airpods 无线耳机出行感知到的地位，这些都成为"苹果体验"的一部分，而这些情感上的收益都是构成价值主张的重要组成部分。

为此，我们可以从两个不同的维度来挖掘价值主张，模型如图 2-1 所示。第 1 部分是价值主张的理性维度，重点关注产品的特性和收益以及如何从竞争对手产品中脱颖而出（相关内容我们将在本章介绍）。第 2 部分是价值主张的情感维度，即我们希望打造一种能够唤起情感共鸣的客户体验。相关内容我们将在下一章介绍。

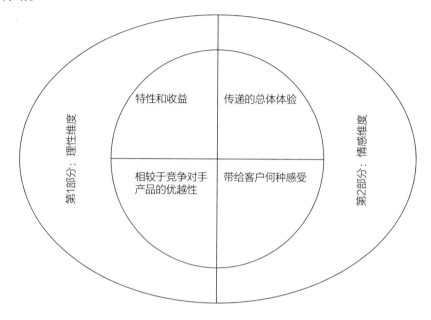

图 2-1　价值主张的两个维度

创建价值主张是一项有风险的业务

在开始之前，我们应当承认，创建价值主张本身就是一项有风险的业务。现实情况是，大多数尝试都没有产生任何效果，这主要是由于产品与市场不匹配、营销不充分以及价值主张不能满足客户需求。市场上充斥着此类失败产品，哪怕是一些最具标志性的公司所生产的这类产品也未能实现牵引力（traction）[①] 和成功。

对于擅长创建价值主张的公司，它们的与众不同之处不仅仅体现在创建过程中，还体现在态度上。例如，失败被视为过程的一部分而不是终点。这方面的一

[①] 牵引力即受市场的欢迎程度，其内涵为因产品迎合受众的需求而产生的受欢迎程度，这种受欢迎程度会越来越强。——译者注

个很好的例子是亚马逊，杰夫·贝佐斯（Jeff Bezos）经常评论其公司是"世界上最容忍失败的地方"之一，并指出他们已经在产品失败上花费了数十亿美元。尽管遭遇挫折，但他们非常出色地培育出了一种"快速失败，趁小失败"（fail fast and fail small）的文化，这使他们能够接受失败并从错误中吸取教训，直到最终成功。

我们会采取类似的方法，审视创建价值主张的过程，并在不同的阶段采取不同的思维方式。让我们开始吧。

我们将遵循图 2-2 所示的一个简单的三阶段过程。

图 2-2　创造价值主张的三个阶段

第 1 阶段：定义

在定义价值主张时，我们始终以客户为起点，围绕他们的需求进行构建。例如，亚马逊谈到其有一个客户至上的企业文化，这种文化反过来又为价值主张的发展创造了最佳环境。亚马逊的核心建议是"耐心尝试，接受失败，培育新品，保护发展，并在看到客户满意时加倍投入。客户至上的企业文化最能创造条件，让所有这一切都能发生"。

为实现这一目标，第一步是定义设想的价值主张希望解决的当前客户问题。

确定问题陈述

确定当前客户问题，要从所谓的问题陈述开始。问题陈述就是用一两句话来描述客户当前遇到的问题或差距（使用您在前一章中建立的客户画像作为起点）。进行这个练习时，重要的是要站在客户的立场上，尽量不要从您的角度而是从他们的角度考虑问题。要想确定问题陈述，只需回答以下"绝杀式提问"[1]即可，如图2-3所示。

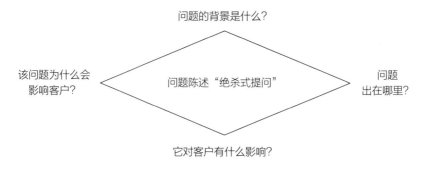

图2-3 问题陈述"绝杀式提问"

让我们转向另一个在满足客户需求的基础上实现指数增长的行业：虚拟视频会议行业。

据估计，到2026年，该行业的价值即将达到500亿美元，它的加速发展在很大程度上是因新冠疫情大流行引起客户需求变化而导致的。表2-1是对"绝杀式提问"的回答示例。

表2-1 "绝杀式提问"与回答示例

问题的背景是什么？	问题出在哪里？
考虑到环境和其他问题，越来越多的客户正在寻找可替代的沟通方式，以减少出行。由于全球新冠疫情大流行，这种趋势在2020年年初从"可有可无"转变为十分必要。我们看到公司和国家边界的迅速"封锁"产生了快速实施远程工作视频通信工具的巨大需求	特别是航班停飞和运输停止，使得该问题在全球范围内以前所未有的速度发展。航运问题使人们无法继续正常地工作和生活，因此他们不得不迅速切换到远程工具，采取远程工作方式

①"绝杀式提问"由麦肯尼在《创客学》一书中提出，简单说来，就是通过缜密、颠覆性的思考，重新审视之前被企业家认定为"显而易见"的东西，找出里面的价值点，从而提出独特的商业化创新思路。——译者注

它对客户有什么影响？	该问题为什么会影响客户？
严重影响人们的日常工作和个人生活，无法进行正常的面对面交流和商务活动。这会在经济、社会和健康等多个层面对他们产生影响。从长远来看，这一事件很可能会导致人们工作方式的转变	人们无法继续他们的日常生活、商业、教育、社交活动，他们的健康受到威胁。同时也会对人们的生活以及看待生活的方式产生巨大影响。因此，他们需要一种解决方案，这个解决方案可以让他们继续从事这些活动，又不会对健康造成威胁

基于以上内容，我们可以使用以下句子展开一个问题陈述，以概括所有信息：

问题的背景是＿＿＿＿＿＿＿＿＿＿＿＿。这个问题尤其会影响这些客户，如＿＿＿＿，由于他们需要通过＿＿＿＿方式进行＿＿＿＿＿＿＿。

下面是我们的参考答案：

问题的背景是，**全球新冠疫情大流行使人们的工作和家庭生活方式发生了直接和长期的转变，对经济、社会和健康造成了影响**。这个问题特别影响这些客户，如**企业客户**。因为他们需要**通过面对面的会议和参加国际会议的方式与不同的利益相关者不断互动**。

我们不能低估问题陈述的重要性，您在创建价值主张过程的每个阶段都要参考问题陈述，以确保解决方案能够满足客户的实际需求。

现在，按照上述过程试一试。图 2-4 是一个"绝杀式提问"的空白模板，供您使用：

根据您的回答，填写您的问题陈述。

问题的背景是＿＿＿＿＿＿＿＿＿＿。这个问题尤其会影响这些客户，如＿＿＿＿＿＿，由于他们需要通过＿＿＿＿方式进行＿＿＿＿＿＿。

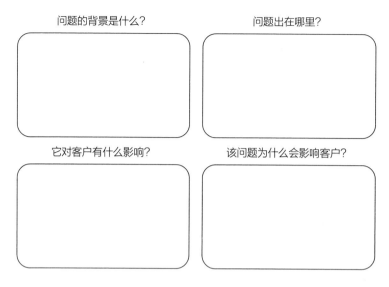

图 2-4 "绝杀式提问"空白模板

重点关注哪些客户?

阅读我们上面的问题陈述示例后,您可能会认为这个特定问题与许多不同的人有关,如商人、教师或者那些想念亲友之人。这种"包罗万象"的情况是真实的,并且相当典型,但最好的解决方案要能针对某一受众或某一群体解决问题。

因此,您要做的是缩小范围并确定您关注的人群。

以视频会议平台行业为例。该行业有多个品牌,每个品牌都提供相似的视频通话这一核心功能。然而,有趣的是,它们几乎完全专注于不同的客户群。让我向您展示一种方法来确定您的竞争对手所关注的客户群,这非常有助于您了解您价值主张中的"空白"。

您可以使用 Spy Fu 等工具进行竞争对手关键词分析(keyword analysis)。此工具可让您根据竞争对手使用的关键词来确定其价值主张的定位。您只需输入竞争对手的网址,该工具就会显示他们正在使用的关键词。自己试试吧。图 2-5 是一个简单的模板,您可以使用它来填写竞争对手价值主张的关键词。

竞争对手A   竞争对手B   竞争对手C

图 2-5　竞争对手关键词分析模板

完成此操作后，您可以找出其中的模式并确定他们使用特定关键词要吸引的特定人群。例如，微软 Teams 等商业视频会议工具侧重于团队合作、协作和共享等关键词，而 Houseparty 这样更偏个人的视频会议工具则专注于诸如与朋友聊天、虚拟会面和虚拟玩乐等关键词。

根据分析，您可以创建一个知觉图（perceptual map），根据关键特征划分市场。例如，在下面的知觉图 2-6 中，您可以看到我将视频会议市场划分为内部协作 / 外部参与和商业用途 / 个人用途两个维度。这不仅有助于将每个公司的运营坐标进行可视化表示，还有助于识别市场中的潜在空白。

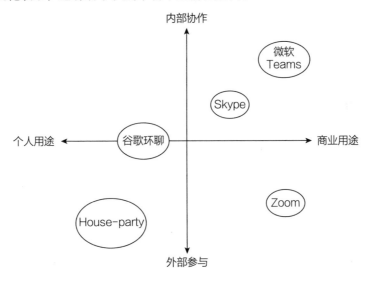

内部协作	用作让从事不同项目的团队定期相互沟通的工具
外部参与	用作团体之间举行在线会议的工具，如网络研讨会、不定期会议等。
个人用途	用作与亲友联系的工具
商业用途	用作与利益相关者保持联系的工具

图 2-6　视频会议行业知觉图

如您所见，这些不同品牌的视频会议公司选择不去解决所有人的问题，而只是选择了广大受众中的某个群体。这个选择使它们能够更清晰地了解自己的功能类型、优势和定位。

图 2-7 是一个知觉图的空白模板。您可以在此处尝试为您的行业绘制一个知觉图。

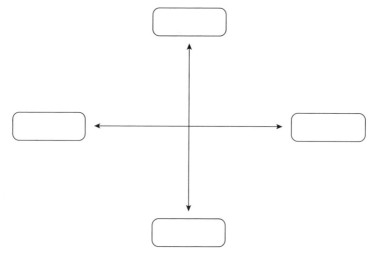

图 2-7　知觉图空白模板

既然您了解了主要竞争对手的重点关注对象是谁，您就需要决定自己应该重点关注哪些客户。您需要问自己一个首要问题：我在哪些方面有获胜资格？

为了回答这个问题，有四个子问题需要考虑，如图 2-8 所示。

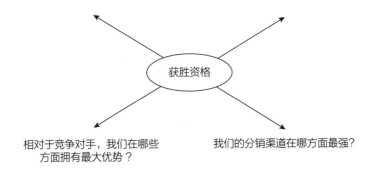

图 2-8　获胜资格示意图

让我们举一个例子来说明，看看受众为青年的视频会议应用 Houseparty 可能会如何回答这些问题，如表 2-2 所示。

表 2-2　Houseparty 可能的获胜资格问答示例

问题	描述
我们现有的品牌与谁最有共鸣？	我们的品牌在十几岁到二十出头的年轻人中最受欢迎，他们喜欢在手机上与朋友社交与玩乐
我们的客户分布和最强优势在哪里？	我们在 Instagram 上拥有非常强大的追随者，覆盖美国和英国等其他市场。我们对活跃在社交媒体的青年群体有很好的渗透性，他们主要通过移动设备与数字平台互动。由于手机应用程序是我们的唯一渠道，青年群体对手机的依赖是我们的优势
相对于竞争对手，我们在哪些方面拥有最大优势？	我们的应用程序充满乐趣，这是我们在竞争中的巨大优势。例如，我们的观众喜欢这样一个事实，即列表中的任何人都可以随时加入，为这种移动体验带来惊喜元素
这些客户最需要什么能力？	只有移动版本的应用对这一细分市场来说不是问题，他们确实很喜欢可以在应用程序上与朋友一起玩小测试和游戏

在图 2-9 的模板中填写对您的价值主张的想法：

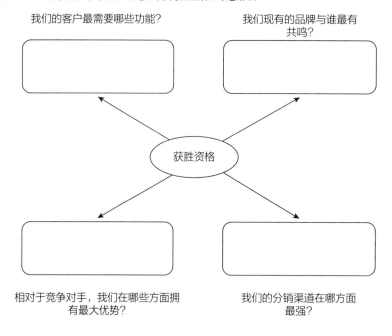

图 2-9　获胜资格示意图空白模板

初始假设

根据问题陈述和目标受众，您现在需要制定一个价值主张的初始假设，该假设应该可以解决您确定的问题。此处要采取的关键心态是不要在这个假设上停留太久，因为现实情况可能会随着过程的推进而改变。我们使用"最佳猜测法"作为验证和迭代的起点。

您可以使用一种简便的新技术来形成您的假设，这是由阿尔贝托·萨瓦（Alberto Savoia）开发的 XYZ 假设。您需要填写如下公式中的未知内容。

如果……，那么 Y 目标市场的 **X%** 将购买 / 订阅 **Z** 价值主张。

让我们分解一下。首先，您需要假设有 **X%** 的目标市场可能会使用您提出的解决方案。在这个阶段，这是基于您对市场的了解做出的最佳猜测。考虑到上述情况，第二步是确定您的目标市场 **Y**。第三，**Z** 是我们对价值主张的特性和收益的总结。最后，**如果**部分利用价值主张的理性、情感和经验元素，赋予产品独特性，就能使其与市场上其他可用产品明显区分开来。

这是我构思的 Houseparty 应用程序的示例。

如果我们在应用程序上为年轻人进行虚拟约会创建一个新版块，那么18 ~ 20 岁的大学生（目标市场）**中将多出 7% 的人**购买 / 订阅 Houseparty **应用程序**（价值主张）。

在此处尝试为您的价值主张制定初始假设。

在您进行测试之前，最好拓展价值主张 **Z** 部分，并更准确地定义关键特性和收益。在特性和收益金字塔中有四个关键要素需要考虑，如图 2-10 所示。

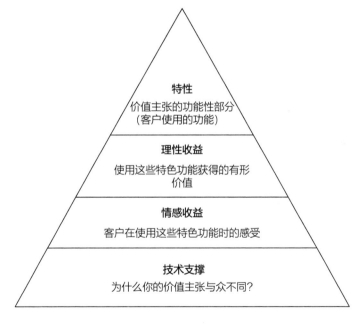

特性
价值主张的功能性部分
（客户使用的功能）

理性收益
使用这些特色功能获得的有形
价值

情感收益
客户在使用这些特色功能时的感受

技术支撑
为什么你的价值主张与众不同？

图 2-10　特性和收益金字塔

为了说明这一点，让我举一个假设的例子。根据我们之前的了解，现在的趋势需要能实现人与人虚拟连接的视频会议工具。所以我提议升级当前的Houseparty，增加一个全新的"虚拟约会"功能，如图 2-11 所示。

特性
虚拟约会功能帮助我们为虚拟约会体验添乐趣、惊喜和游戏

理性收益
减少实际出门约会的需要，并通过引入各种活动和话题来避免约会时的尴尬时刻

情感收益
大多数人在第一次约会时都很紧张，因为他们担心如何与一个完全陌生的人交谈。虚拟约会有助于人们消除紧张情绪，让约会变得没那么大压力

技术支撑
Houseparty 是一款领先的应用，成千上万的年轻人已经在此结识新朋友并享受这种虚拟体验。虚拟约会是此服务的延伸

图 2-11 Houseparty 应用的虚拟约会价值主张

现在用类似的方式，使用图 2-12 中的模板填写您的价值主张。

特性

理性收益

情感收益

技术支撑

图 2-12 价值主张空白模板

检验假设

一旦您提出了一个假设，接下来就该在您的目标受众身上进行测试了。

根据萨瓦的观点，我们需要遵守三大原则，如图 2-13 所示。

获取数据的距离	获取数据的时间	生成数据的费用
在这个阶段制订详细的测试计划并不难，但是，鉴于您正在检验假设，简单易行才是关键。因此，要在最方便获得目标受众的地方，按照您制定的价值主张表格,获得有关价值主张各个方面的反馈	即时性在这里至关重要，因为我们追求的是对假设的快速验证，以及了解它是否适合您的受众。因此，请考虑在何处以何种方式能快速完成此检验。例如，您能否在今晚与一群目标受众进行虚拟电话会议	花钱获得验证可能很诱人，但要抵制。您很可能只需付出一点努力，就可以通过极小的代价从目标受众处获取初始数据。相信我，您在下一阶段会需要钱的

图 2-13　检验假设三大原则

根据收到的反馈，您需要迭代您的原始假设，然后进入下一阶段。例如，我发现受众喜欢 Houseparty 提供虚拟约会服务这一想法，但尽管是虚拟约会，他们也只想与当地人会面,以确保他们不会产生异地恋。因此,我需要修改该特色功能，加入地理位置元素。请记住，在进行调整时，要确保其他各个方面——理性收益、情感收益和技术支撑仍然相关。

第 2 阶段：开发

您已经有了一个通过初步检验的价值主张。现在您需要创建最终主张的早期版本。这称为最小可行产品（minimun viable product，MVP）或原型产品。正如我们在第 1 章中所看到的，人们所说的与实际所做的可能存在巨大差异，认识到这一点很重要。请记住，由于您尚未确信存在可行的市场，因此您需要非常谨慎地进行开发。一方面，原型产品必须足够现实以产生一些真实的消费者反馈，另一方面，它需要尽可能做到性价比高、上市快，以尽量减少无用功。毕竟，经历此阶段后您可能会发现它并不可行。

在进一步发展您的价值主张时，有必要抱持这样一种心态，即愿意在"可行方案"与"完美方案"之间做出取舍。或者用 Y Combinator 联合创始人保罗·格雷厄姆（Paul Graham）的话来说，与正常预期相反，我们要构建"不打算规模化"的东西。毫无疑问，您对价值主张有雄心勃勃的计划和预期愿景，但在这个阶段，您想要的只是能精准展示这个愿景在真实客户身上的测试反馈。我称之为"黑客马拉松心态"，黑客马拉松是指一群人聚集在一起，在一个周末完成从构思主张到实现产品原型的过程。不要有压力！您的原型产品需要的时间可能比一个周末要长，我们只是强调这种紧迫感和简洁感。

您可能想知道如何将价值主张的各个方面打包成一个既快速又具有成本效益的原型产品。这里有一种很有用的方式，即使用现成工具，表 2-3 中是一些示例。

表 2-3　为实现原型产品可考虑的现成工具

最终价值主张	原型
会员应用	原型软件，如 proto.io
定制会员 / 订阅平台	用 Wix 或 Shopify 等自建站工具开发网站 / 使用 Sketch 或 Adobe XD 开发线框图
具有聊天功能和共享工具的社区页面	在脸书或领英（LinkedIn）上创建社交媒体群组
原生应用	使用 Good Barber 应用打包程序

显然有太多现成的工具值得一提，使用哪一种工具依赖于您推出的主张类型。如果是数字产品的话，使用 Sketch 或 Adobe XD 等软件对解决方案画出线框图[①]，或者使用 Proto.io 构建原型。对于更偏实体的产品，使用 3D 打印来创建价值主张的模拟版本可能是不错的方法。无论是什么价值主张，重要的是您设想的过程，在这个过程中用快速且具有成本效益的方案开发原型产品，呈现设想。

因此某些妥协是不可避免的，如缩小规模和增加人工干预需求等。在这个阶

---

① 线框图常用于软件设计或网站设计行业，相当于建筑行业的蓝图。——译者注

段用金钱代替努力是很划算的，这样可以让您"快速失败"，但更重要的是"低成本失败"。一个很好的例子是爱彼迎（Airbnb）的创始人乔·吉比亚（Joe Gebbia）和布莱恩·切斯基（Brian Chesky）为了支付房租，决定在家里出租三个充气床垫，看看他们的创意是否真的有市场需求。

测试原型

请记住，与假设阶段不同，这个阶段需要我们在更大的目标市场中测试原型。我们需要非常清楚我们期待什么样的结果，其中有三个方面来实现"概念证明"①，如图 2-14 所示。

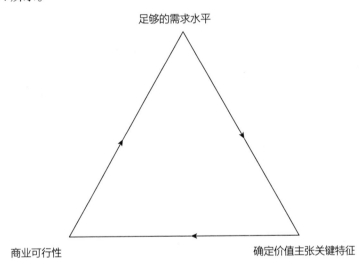

足够的需求水平

商业可行性

确定价值主张关键特征

图 2-14 概念证明阈值

这样做是为了确定我们提出的价值主张在市场上的需求水平和价值主张的关键特征，然后我们就能确定该主张是否"有立足之地"以及是否具有商业可行性。有两点必然存在：一是价值主张可行所需达成的最低收益限度，二是相较于其他产品更受欢迎的特性。我们在现阶段找出这两点的答案至关重要。

---

① 概念证明，即概念验证，是对某些想法的一个较短而不完整的实现，以证明其可行性，示范其原理，其目的是为了验证一些概念或理论。概念验证通常被认为是一个有里程碑意义的可实现的原型。——译者注

为了帮助我们找到答案，让我们来进行我称之为"需求生成和特性"的测试。

有几种方法可以实现这一点。所有这些都需要在"市场上"上线原型产品，通过社交媒体、搜索引擎、推送通知或电子邮件列表等渠道投放广告，然后评估效果。我将演示如何使用谷歌赞助广告（Google Sponsored Ads）来做到这一点。对这个测试，您需要一个网站或至少一个着陆页①来展示您的价值主张。无论您的产品是实体产品还是数字产品，这个方法都有效。

使用谷歌广告可以让您立即"试探"出与您价值主张相关的搜索词的关注水平或需求水平，以及人们是否认为它具有足够的购买吸引力。这也会允许您对价值主张达到临界规模所需的必要营销支出以及是否具有商业可行性进行财务评估。让我带您完成此过程中的三个步骤，如图 2-15 所示。

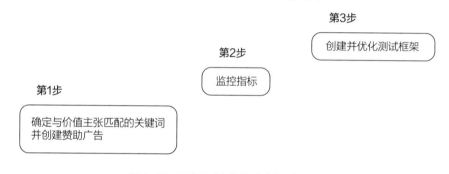

图 2-15　需求生成和特性测试的关键步骤

第 1 步：确定关键词并制作赞助广告

在谷歌广告控制台中，您可以通过添加特定的关键词和搜索词来制定广告，而该广告最终会作为赞助广告出现，供人们点击，当然广告推广会受到多种因素（例如出价、相关性和定位）的影响。

关键是要使用您在描述主张特性和收益部分时的类似用词，以便在人们搜索的内容和您的主张之间建立良好的匹配。此外，您应该尽量避免使用竞争对手正

---

① 请注意着陆页并非登录页，是用户点击搜索推广、信息流或其他形式的广告打开的第一个页面。着陆页可以是网站上的一个页面，也可以是公众平台里的一篇文章。——译者注

在使用的关键词（如前所述，您已经知道如何通过竞争对手关键词分析来做到这一点），这样可以将您的价值主张与竞争对手的区分开来。当您对关键词感到满意时，就可以让广告上线。在这里写下您的关键词。

第2步：监控指标

作为测试的一部分，您可以监控一系列指标，但对当前目的而言，最有用的两个指标是点击率和转化率。点击率指在我们设置的支出上限内访问价值主张的人数，而转化率指在网站上购买一次原型产品的人数。

您可以把要测试的各个步骤想象成如图2-16所示的一个漏斗。

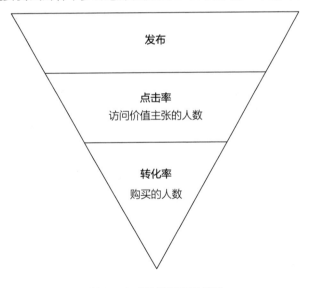

图2-16 测试步骤漏斗模型

当进行测试时，您需要注意三件事：

（1）确定在每日特定支出限额下销售的产品数量。

（2）基于与您价值主张一致的关键词，点击率数据揭示了对产品的需求水平。

（3）转化率告诉我们该价值主张对那些有购买需求的人来说是否真的有足够的吸引力让他们购买该产品，而不是选择其他同类产品。

让我们举个价值主张的例子。假设您每天花费 1000 英镑[①]，以期对某一个价值主张完成 2000 次点击和 10 次转化。在图 2-17 中，您可以看到每次点击的成本为 0.50 英镑，每次转化的成本为 100 英镑。您现在知道，如果您增加支出，很可能（尽管在某些时候您会看到收益递减）可以按照近似的比例提高转化率，如图 2-18 所示。

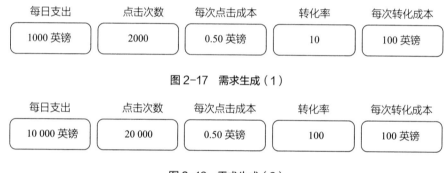

图 2-17　需求生成（1）

图 2-18　需求生成（2）

仅基于此测试，您可以对价值主张的可行性获得一些有价值的认识。例如，如果您认为点击率太低，则该价值主张可能存在需求不足的问题。但是，如果点击率高但转化率低，那很可能就是您的产品／市场契合度存在问题。

但您不会就此止步 —— 让我们开始通过这种方法优化您的价值主张。

尝试进行此测试并在图 2-19 中记录结果。

图 2-19　需求生成空白模板

---

① 1 英镑 ≈ 9.02 元

第3步：创建并优化测试框架

根据初始结果，您可以调整您的方法，从而获得最具吸引力的价值主张（考虑关键词和价值主张特性）。为了帮助实现这一点，我们可以使用测试矩阵来确定不同组合在这些指标上的表现，如图 2-20 所示。

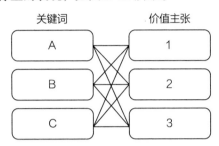

图 2-20　测试矩阵

图 2-21 是一个模板，您可以用它来测试您不同版本的价值主张。

	每日支出	点击率	每次点击成本	转化率	每次转化成本
A1					
A2					
A3					
B1					
B2					
B3					
C1					
C1					
C1					

图 2-21　价值主张测试空白模板

一段时间后，您将能够找出用最低点击成本获得最高转化率的最佳关键词与价值主张特性的组合。此时您将了解以下内容：

- 价值主张的最佳转换成本，它能让您估算使价值主张具有商业可行性所需的额度。
- 效果最佳的关键词，这可以让您清楚地了解最能引起目标受众共鸣的特性类型。
- 用于建立牵引力的有效营销主张所需的最佳关键词。
- 最可取的价值主张特性，您可以决定保留哪些特性或放弃哪些特性。

在这里记录下您的发现。

现在您已经生成了价值主张的最优版本，了解了以特定成本生成最大需求的方法，接下来您可以评估其是否具有商业可行性。

商业可行性

在进一步推进价值主张之前，您需要了解该价值主张在商业上是否可行，是否可以盈利。根据上述信息，您应该进行盈亏平衡分析，这将使您能够了解您需要销售的最少产品数量以及成本多少才能实现收支平衡，然后开始盈利。

要计算这一点，这里有一个简单的公式。让我用一个例子来说明。

让我们回到之前 Airpods 无线耳机的例子，只是这一次我们是其正在进行产品创新的竞争对手，想要推出一款新款的耳机。我们打算以每件 150 英镑的价格出售该产品，固定成本为 30 万英镑，包括初始开发以及租金、计算机和软件等持续成本。使用上面的测试矩阵，我们已经能够达到每件 45 英镑的最佳每次转化成本，我们需要再增加每件 25 英镑以支付其他可变成本，如工资，从而得到总可变成本为每件 70 英镑。

我们已准备好使用以下公式进行盈亏平衡分析：

$$固定成本 ÷（每件收入 - 每件可变成本）= 盈亏平衡点（件）$$

在我们的例子中，详细计算如下：

$$300\ 000 ÷（150 - 70）= 3750（件）$$

现在我们知道我们需要销售 3750 件才能使该价值主张可行，下一步是使用以下公式确定我们需要实现这一目标的营销预算：

$$单位总数 × 每单位总可变成本$$

在我们的示例中，详细计算如下：

$$3750 × 70 = 262\ 500（英镑）$$

因此，我们实现收支平衡所需的可变成本总额为 262 500 英镑。为了确定收支平衡的总成本，我们将固定成本和可变成本相加得到 562 500 英镑。换句话说，这是我们为了售出 3750 件耳机，要实现收支平衡所需投入的总金额。

通过这种分析，您可以根据必须花费的金额来确定价值主张的商业可行性。您需要考虑的问题是该主张是否值得投资，您是否可以增加每件产品的利润，是否可以降低固定成本和可变成本。如果这些因素中的任何一个发生变化，您需要重新进行分析，确定新的收支平衡点，并重新评估该价值主张是否可以实现。

在这里计算您的盈亏平衡点。

第 3 阶段：构建和扩展

您现在已经验证了原型产品，评估了其商业可行性，并准备好构建和扩展。让我们来看看您要如何做到这一点。

价值主张权衡三角模型

在此阶段，您似乎需要从头开始构建价值主张的每个元素，但是，根据您在前面章节所了解到的，情况显然并非如此。

事实上，采取"灵活的心态"利用各种不同的方式来呈现价值主张的每个元素，这一点至关重要，同时"灵活的心态"还有助于大大减少时间、成本，甚至还能提高价值主张的质量。

在开发每个元素时，按照我所说的"价值主张权衡三角模型"进行分类，您大致需要考虑如图 2-22 所示的三个方面的内容。

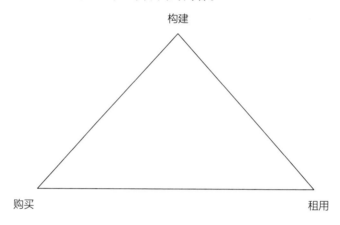

图 2-22　价值主张权衡三角模型

在构建价值主张时，您要考虑不同的元素，并确定价值主张中哪部分可以从这三个方面受益，如图 2-23 所示。

构建	购买	租用
当您需要高度定制化的东西时，选择构建，如定制平台	当获得的一项可持有资产具有战略价值时，选择购买，如扩大影响范围或获得知识产权，如品牌资产	非核心"使能器"构建、获取成本高昂，但您可以低价获取一流使能器的使用权，选择租用，如电子邮件、分析软件或客户关系管理(CRM)软件

图 2-23　构建、购买和租用注意事项

在您的价值主张中，哪部分您会构建，哪部分会购买，哪部分会租用，请把它们写下来。

考虑如何扩展价值主张

公司通常会制定对大量客户具有极大吸引力的价值主张，但由于无法扩展，因此无法实现其潜力。您需要牢记这种风险。要克服这种风险，您需要了解"需求弹性"① 这个经济概念，以及如何利用各种营销工具和技术来发挥自己的优势。这种风险出现的前提是公司面临两个主要问题：一个问题是他们扩张得太快，而他们的基础设施无法满足这种快速扩张；另一个问题是他们扩张得太慢并且建立了太多超负荷的基础设施。

让我向您展示如何构建价值主张来解决这个基本问题，我将其分解为两个方面：

- 动态组件
- 需求控制

动态组件

为了能够适应不断变化的需求，您的价值主张应该包含需求弹性的四个关键组成部分。表 2-4 中的模板凸显了每个部分，还留出空间让您思考如何将这些部分应用到您的价值主张中。

---

① 需求弹性是指需求对价格变动的反应程度。越是必需、无法替代的商品，需求弹性就越低，如食盐，无论价格高低，需求都是稳定的，因此需求弹性就很低。——译者注

表 2-4　需求弹性的四个关键部分

弹性组件	描　述	您会如何将它应用到您的价值主张中?
技术层面	您可以使用能够根据需求实时动态适应的技术。例如,使用基于云的弹性服务器来确保平台性能始终处于最佳状态,在成本和可靠性之间达成平衡	
工艺 / 生产	为了在满足客户需求的同时最大限度地提高效率,将组织内部协作和外包方法结合起来会很有用,这样能确保我们能够轻松满足客户的核心和外溢需求。您还可以借助合作伙伴及伙伴关系来实现价值主张的某些方面。这基于一个前提,即可能有专门的供应商,提供您能提供的服务,甚至可能比您做得更好	
人工	人工往往是最大的开支,因此随着价值主张的扩展以可变薪酬的方式支付员工工资肯定是有利的。核心团队的原则和优势在这里仍然适用,核心团队通常由热衷于未来发展的创始团队组成。但是,如果没有这样的团队成员,您可以选择雇用各种自由职业者或代理机构	
影响范围	扩大影响范围的一个好方法是利用合作伙伴成熟的网络和基础设施,这些成熟的网络和基础设施能满足不断变化的需求。此类服务的良好示例包括用于送餐的 Deliveroo 和用于其他类型物品的 Stuart	

需求控制

您提出了自己的价值主张,尽管已根据需求部署了基础设施,但毫无疑问,有时您需要控制客户的需求。这可能是为了顺利度过需求周期,以更有效地维持运营,在停滞期增加流量,或者由于技术故障需要暂时减轻负载。

为了解决这个问题,您可以使用营销组合,或者在这种情况下,我将其称为

"需求控制杠杆"。让我们使用表 2-5 中的模板来思考 "需求控制杠杆" 的各个部分如何起作用，并考虑如何将它们应用到您的价值主张中。

表 2-5　需求控制杠杆

需求控制杠杆	描　述	示　例	您会如何将它应用到您的价值主张中?
推广（Promote）	正如我们在原型产品阶段所见，您有能力调整营销支出，从而影响客户点击率和转化率。由于您已经确定了转换成本，因此您可以根据能够用于此类促销活动的金额合理准确地预测需求	谷歌或其他搜索平台上的赞助广告 脸书或领英等社交媒体平台上的付费广告 使用谷歌 AdSense 广告联盟 在 YouTube[①] 上投放视频广告	
定价（Price）	根据一般的需求弹性概念（有几个值得注意的例外），在一段时间内提高或降低价格将反过来影响转化率	使用特别优惠或促销来降低价格 缩短订阅期限以降低定价 提高套餐或订阅的价格	
渠道（Place）	您可以通过增加或减少提供价值主张的渠道数量来调整您的分销策略 通常，公司会在不同时间关闭某些分销渠道以管理需求流	增加或减少分销通道的数量 根据时段或需求水平开通或关闭某些分销渠道 利用各种合作伙伴关系以经济有效的方式扩大影响范围	
产品（Production）	您可以调整产品，在不同时间提供产品的不同特性，以控制需求。例如，您可以添加或删除一些受欢迎的功能，这些功能会在一段时间内增加或减少需求	添加或删除某些功能提供免费试用产品 提供少量的附加功能 与其他人合作以提升价值主张的吸引力	

① YouTube 现为谷歌旗下的一个视频网站。——译者注

第 3 章

设计出色的
客户体验

本章我将演示如何创建客户体验，从而对客户产生积极的情感影响，提高客户满意度、忠诚度、拥护度以及产品利润。

任何价值主张的核心都是客户体验，简称 CX[①]，它能使客户对产品进行无缝浏览。大多数这些体验在本质上是相当实用的，能让客户在结账时将购物篮能装多满就装多满。打造简单易用的导航体验很重要——事实上，这构成了满足客户期望的基线；我将在第 15 章详细介绍这一点。然而，根据价值主张的维度框架（见第 2 章），只有少数几家公司利用客户体验旅程来让他们的品牌充满活力，与观众建立联系，引发情感共鸣，留下深刻印象，它们才是真正的赢家。

客户体验旅程很重要，因为我们越来越多地看到一种趋势，即"各个公司在客户体验上的竞争与产品和价格上的竞争同样激烈"。以世界上最具标志性的公司之一迪士尼为例，它已经成功地让首次入园游客的回头率达到了 70%，因为在游园的各个环节，迪士尼打造了以"创造幸福"为核心理念的世界级客户体验。迪士尼学院高级总监布鲁斯·琼斯（Bruce Jones）说："当我们的演员知道他们的主要目标是创造幸福时，他们被赋予能力创造我们喜欢称之为神奇时刻的东西。"

---

① CX 为 customer experience 两个英文单词的约定缩写方式。——译者注

从公园迎宾员到景点服务员，每位员工都围绕"创造幸福"这一核心理念决定如何与客户进行互动。

体验三角模型

在客户体验中有三个关键维度值得考虑，我称之为"体验三角模型"，如图 3-1 所示。

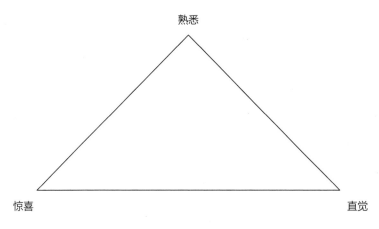

图 3-1　体验三角模型

熟悉

在设计客户体验时，必须有客户熟悉的元素，这样客户才能顺利识别，并在旅程中产生共鸣，这一点非常重要。客户体验的每一个环节都必须反映您的品牌价值、基调、风格和设计。

这样客户每一步都会体验到令人舒适的元素，因为他们知道每次都会得到什么。这种一致性在客户的脑海中建立了记忆结构，在一段时间后，他们会逐渐熟悉旅程并建立信任。就像他们最喜欢的歌曲——听得越多觉得越好听。

例如，迪士尼客户体验的方方面面，从游乐设施到餐厅，都基于现有的标志性人物和情景，人们会在电视和商店中一次又一次地看到这些人物和情景，因此，可以说迪士尼将这一概念运用得恰到好处。迪士尼在乐园上倾注了大量精力，让这些标志性人物和情景变得栩栩如生。例如，游客可以在那里与角色见面和互动，让自己沉浸在他们最喜欢的节目中，享受着一辈子只有一次的惊喜兴奋感，却又感觉无比熟悉。

惊喜

除了融入这种熟悉感，您还需要创造真正的惊喜时刻，让客户感到特别和重要。通常，这些惊喜时刻并不需要是大事，而是要充分证明您关心他们。惊喜时刻也可以同理心的形式出现，也就是说，您要么理解客户的状况，要么意识到您在哪些地方没有达到他们的期望。在这些"关键时刻"中，您可以通过超预期服务来留下深刻的印象，建立品牌忠诚度，尤其是当客户没期望您这样做时。

这是迪士尼真正擅长的一个方面，不仅对孩子们有效，对成年人也是如此。这些惊喜为客户旅程增添了很多乐趣，如您最喜欢的迪士尼角色会给每个人分发免费礼物和精美礼品。做到这一点的关键在于迪士尼向员工灌输"体验心态"而不是"任务心态"，因为这种体验心态将丰富的经验视为一种资产而不是消耗。这凸显了在此阶段采取正确心态的重要性，而关于心态我们在前一章已经讲到过。

直觉

一个完整的客户旅程需要预测客户希望如何完成这个旅程，然后通过为他们消除所有障碍和摩擦点以实现这一目标。消除客户旅程中的障碍并力求简单，这会向客户表明您珍视他们的时间和精力，这样他们与您一起完成旅程的可能性会更大。

迪士尼实现这一目标的方法之一是通过自己的应用程序帮助游客在乐园内无缝导航。通过启用 GPS，它还为游客提供了前所未有的个性化服务，并成为"在您身边"的帮手，为游客指路并提供诸如演出时间、乘车等待时间和预订食物等信息。这为游客提供了一个舒适的环境，使他们感到轻松，消除了他们游园体验中的不确定性。

在图 3-2 中收集有关这些维度的一些初步想法以及如何把这些想法应用于您的客户体验。

图 3-2　客户体验设计初步想法记录

好的，现在让我们将这些维度付诸实践，并开始为您的价值主张设计、测试和迭代客户体验。我们将介绍该过程的三个阶段，如图 3-3 所示。

图 3-3　客户体验设计的三个阶段

第 1 阶段：预期

至此，您已经了解了目标受众是谁，并在价值主张中开发了理性维度来满足他们的需求。现在，您需要在每一步都打造一种让客户满意的体验。为了实现这一点，让我们首先将客户旅程分为如图 3-4 中的四个步骤。这些步骤也形成了所谓的"客户生命周期"[1]，我们可以在多处应用客户生命周期，包括传播和媒体策划等。

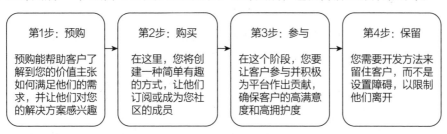

图 3-4　客户旅程的四个步骤

---

[1] 客户生命周期是指从一个客户开始对企业进行了解或企业欲对某一客户进行开发开始，直到客户与企业的业务关系完全终止，且与之相关的事宜完全处理完毕的这段时间。——译者注

关于如何计划在每一步定制体验的想法，请您在图 3-5 中收集起来。

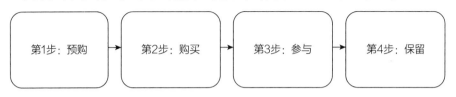

图 3-5　客户旅程的四个步骤空白模板

在每个步骤，您都需要确定您希望对客户产生的预期效果。为实现这一目标，您首先需要站在客户的角度考虑他们希望如何完成上述四个步骤。

为了提供帮助，您可以使用一个简单的框架，这个框架被称为"思考、感受、行动框架"。图 3-6 是对框架中各个部分的概括。

图 3-6　思考、感受、行动框架

将这两个框架放在一起形成一个新的模板，下面这个新的模板使您能够确定每个步骤的客户体验预期达到的状态。创建这种整体视图对您掌握客户体验方法的每个细节非常重要。例如，主要的在线视频点播订阅服务公司奈飞（Netflix）表示："从他们注册的那一刻起，我们就拥有奈飞客户体验，当他们使用点播服务时，我们通过电视、电话和笔记本电脑联系在一起。"

为了帮助进行这项实践，让客户帮助您定义每个步骤将是大有裨益的。在填写模板时，请尝试使用他们自己的话或"客户发言"。这应该有助于消除经常出现在此类实践中的行话或令人困惑的术语，因为您一不小心就会回到"公司"角度思考客户旅程。

为了提供帮助，我在表 3-1 中给出一些示例，用以说明奈飞的客户如何思考每个步骤。我在每个框中都留出了空间，供您根据自己最期望的客户体验方法进行填写。

表 3-1　客户旅程分析示例

	第1步：预购	第2步：购买	第3步：参与	第4步：保留
思考	哦，我真的很想看我在那个新闻网站上看到的那个原创节目 这可能是周末与夫人共度时光的好方法，因为我知道她也会喜欢的			我知道它对所有家庭成员都很有用 也许我会继续再看一会儿
感受		啊哈，免费试用7天，不错，所以我可以免费观看节目，注册非常简单。我真的很期待这个		
行动			四处浏览看看还有什么内容。我会从推荐部分开始	

　　请记住：由于您正在尝试开发一种能够唤起客户情绪反应的客户体验，因此您还需要在每个步骤捕捉"期望"的情绪。这是通过查看上面的模板然后创建这种期望状态的"情感体验图"来完成的。此图的本质是说明您希望客户在参与旅程的每个部分时的感受。看看图 3-7，在 X 轴上，呈现的是客户旅程的各个步骤，在 Y 轴上，呈现的是从消极到积极的情感态度。

情感体验图

　　为了说明，让我们在图 3-7 中以奈飞为例，假设要思考奈飞期待的情感体验图。理想情况下，它希望客户在旅程的每个环节都对他们的体验越来越积极。值得注意的是，如果有人想要离开，说明可能会有导致他们不满的消极情绪，但通过采取正确的行动，这也不一定会变成负面体验。您可以看到，我们还在图上捕捉到了奈飞试图创建的情感类型。

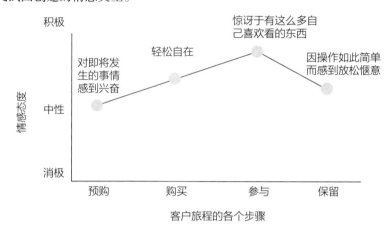

图 3-7　假设的奈飞情感体验图

使用图 3-8 中的空白模板，尝试为您的价值主张创建一个类似的图。

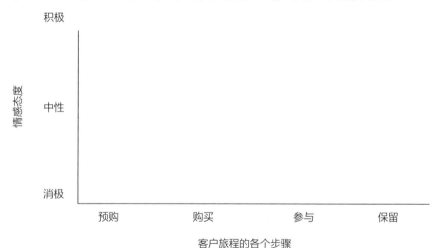

图 3-8　情感体验图空白模板

该过程的最后一部分是确定您将如何在每个环节精准满足客户的情感诉求。为了实现这一点，我们需要回到我们的体验三角模型，将模型中的各个元素与客户旅程的每个步骤结合起来。在表3-2中，我再次提供了一些示例，说明奈飞如何考虑这一点，并留出空间让您填写自己的客户体验提升方法。

表3-2　体验三角模型与客户旅程

	第1步：预购	第2步：购买	第3步：参与	第4步：保留
熟悉	采用各种线下、线上渠道以相互关联的方式展示广告			
惊喜		注册简单和免费试用优惠，确保他们可以免费观看他们想看的节目		取消方便，这使得他们以后再次订阅的可能性变大，没有障碍，没有麻烦，无须紧张
直觉			该平台非常个性化，它会推测用户可能想看的节目，并据此推荐其他节目	

第2阶段：实际

现在，在潜在客户的帮助下，您已经开发了初步的客户体验旅程。现在让我们假设它已经上线，人们已经开始体验它。下一阶段需要评估您的客户旅程是否在现实中产生了预期的效果。

有趣的是，这是您真正可以从竞争中脱颖而出的机会。例如，一个名为Built for Mars 的客户体验咨询公司进行了一项研究，分析了英国多家银行开设账户所需的天数。结果发现，在银行领域实际客户体验存在巨大差异，如图3-9所示。

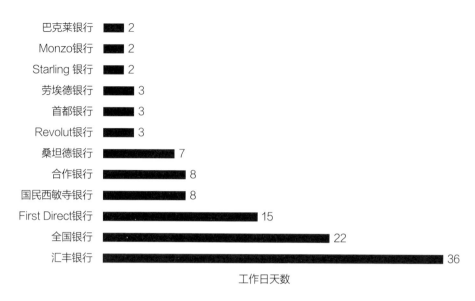

图 3-9 英国银行开设账户所需天数

为了打造理想的实际旅程，您需要在每个阶段使用各种能说明瓶颈和问题的指标来获取客户反馈。有多种指标可供选择，但要遵从阿维纳什·考希克（Avinash Kaushik）的建议，即最好保持简单。阿维纳什·考希克是一流的分析专家，也是谷歌的营销专家。为了达到这个目的，我建议选择一个使您能够在每个阶段获得最多信息的指标。在表 3-3 中我给出了一些推荐指标和可以衡量的工具。

表 3-3　客户旅程衡量指标

	第 1 步：预购	第 2 步：购买	第 3 步：参与	第 4 步：保留
指　标	抛弃率 / 跳出率	转化率	客户满意度	流失率
描　述	特定网站的访问者关闭或跳离该网站的百分比	完成预期目标（转化）的网站访问者人数占访问者总数的比例	客户对产品、服务或体验的满意程度	一段时间内流失的客户数量
衡量指标的工具	谷歌分析	Hubspot	Feefo，Intercom	Hubspot

您现在可以创建仪表盘[①]并监控每个指标的性能。您需要做的第一件事是建立一个基准百分比，它可以是 3 个月内实际指标性能的运行期均值。这很重要，因为您需要一些指标来比较单月表现，以确定旅程中是否存在任何瓶颈或问题。您可以逐渐改善体验，同时这个运行期均值也会得到改善，因此您会不断寻找进一步改进的方法。采取这种灵活的心态至关重要，因为客户的期望本身在不断变化，因此很重要的一点是要领先一步做出预判。

表 3–4 是一个仪表盘模板，您可以使用它来记录您的发现。

为了帮助阐明这一步的具体操作，我在表 3–5 的每个步骤中添加了一些假设指标。

表 3–4 仪表盘模板

指标	第 1 步：预购		第 2 步：购买		第 3 步：参与		第 4 步：保留	
	每月实际比率	3 个月运行平均基准	每月实际比率	3 个月运行平均基准	每月实际比率	3 个月运行平均基准	每月实际比率	3 个月运行平均基准
抛弃率 / 跳出率								
转化率								
客户满意度								
流失率								

---

① 仪表盘是商业智能仪表盘（business intelligence dashboard，BI dashboard）的简称，是实现数据可视化的模块，是向企业展示度量信息和关键绩效指标现状的数据虚拟化工具。——译者注

表 3-5　假设指标仪表盘

指 标	第1步：预购		第2步：购买		第3步：参与		第4步：保留	
	每月实际比率	3个月运行平均基准	每月实际比率	3个月运行平均基准	每月实际比率	3个月运行平均基准	每月实际比率	3个月运行平均基准
抛弃率／跳出率	43%	15%						
转化率			6%	17%				
客户满意度					85%	90%		
流失率							23%	25%

基于假设的情况，您可以清楚地看到旅程中存在一系列问题，尤其是在抛弃率／跳出率和转化率方面。我们注意到，旅程中有大量的落客，这表明潜在客户无法轻松找到他们需要的东西，因此离开了页面。此外，您可以看到与运行平均基准相比，转化率也相当低，这表明我们改变了一些不起作用的东西。其他指标表明您接近目标，这当然也可以改进，但这不是目前的主要问题。

现在我们需要花点时间考虑如何为上面的仪表盘模板收集数据，并通过使用谷歌分析或您有权访问的其他分析工具，用我在上面的示例中采用的方法来揭示发现结果。在这里写下您的一些想法。

现在，您已经确定了您在深层次上面临的一些问题，您需要更深入地了解导致问题出现的原因，以便提出适当的解决方案。为此，最好使用实时工具即刻从客户那里获得反馈。这将比事后反馈更有价值。从出租车服务到餐厅送餐服务，您无疑会看到这些分析工具在各个领域发挥作用。图3-10是一家主流送餐服务公司的例子。在其应用程序下单后，客户会留下有关服务的更多详细信息，商家可以对其进行分析。

图 3-10　来自某主流外卖网站应用程序的反馈

另一个用于此目的的便捷工具是 Drift，这是一种对话式营销工具，可让您在旅程的每个环节与客户进行实时聊天。您可以通过预设问题来实现这一点，当客户点击网站的某个部分时，问题会自动出现，或者您可以让团队成员直接参与对话。这里有两件事需要确定。第一要确定客户面临的主要障碍和问题，它们会导致指标下降。第二是从客户那里了解他们希望如何解决这些问题。

让我们放弃奈飞的例子，在接下来的部分选用不同的商业背景——在线上外卖行业中可能出现的常见阻碍和解决方案。除了直接的客户反馈，一个非常有用的方法是通过查看竞争对手网站上的常见问题来了解他们面临的阻碍及其解决方案。他们很可能在旅程的不同节点直接回应客户的反馈。这也使您能够了解他们如何克服阻碍，这一信息对开发您自己的解决方案非常有用。

基于对一个主要食品品牌送货服务的分析，我们可以推断出模板中面临的障碍（通过提出的问题）和解决方案（通过他们的回答）。我在表 3-6 所示的模板中为您留了空间，通过将您自己的客户反馈与竞争对手的见解相结合，为您的客户体验之旅来实践一下。

表 3-6　阻碍和解决方案模板

	第 1 步：预购	第 2 步：购买	第 3 步：参与	第 4 步：保留
关键阻碍 / 问题 Deliveroo	我想知道应用程序上上架了哪些类型的餐厅	我真的无法理解小费是如何在应用程序中运作的	我想更改我的送货地址	我需要取消订单
关键阻碍 / 问题				
能够改进 Deliveroo 的客户 / 竞争对手洞察力	我们亲自策划了您所在地区的高品质和多样化的餐厅。从社区的顶级意大利餐厅到备受推崇的全国汉堡连锁店，应有尽有	离餐厅越近，送餐费越低 这有助于我们公平地向骑手支付报酬。一些餐厅使用自己的送餐人员。这样的话，餐厅会自行设定送餐费	有时，一些不可控因素会导致骑手送餐延误 如果我们发现您的订单可能无法在预计交货时间内送达，在力所能及的范围，我们将始终积极主动地尝试联系您，我们的团队将努力尽快为您完成送餐	只要餐厅尚未开始准备您的订单，您就可以在"订单帮助"中取消订单。如果餐厅已经开始准备您的订单，而您想取消，您也可以在"订单帮助"中联系我们
改进客户 / 竞争对手的洞察力				

根据您现在对实际旅程的了解，我们可以将您期待的情感旅程与您从客户那里实际看到的旅程进行比较。这时需要使用图 3-11 中的情感旅程图模板。

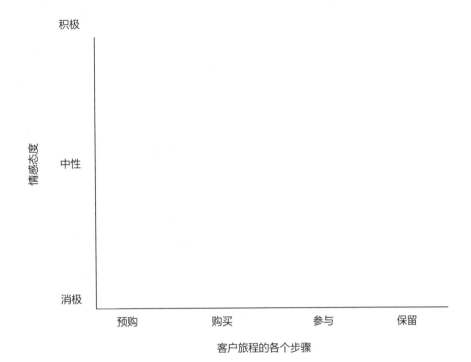

图 3-11　情感旅程图模板

　　如果您发现客户的期望情绪状态和实际情绪状态之间存在差距，请不要惊慌。好消息是您可以通过使用我们在"阻碍和解决方案"模板中获得的客户洞察和竞争对手洞察来弥合差距，这正是我们接下来要讨论的内容。

第 3 阶段：实现

　　您现在处于我们开发初始旅程的阶段，在这个阶段要对初始旅程进行测试，并获得有关问题所在以及如何进行改进的反馈。为了实现这一目标，让我们转向营销组合，以帮助您实现必要的改变。重要的是不能仅从表面上看待客户的反馈，因为虽然他们的建议很有价值，但他们不太可能像您一样有整体观。这就是奈飞早年的经历，在拆分实体 DVD 业务和在线流媒体服务时，它失去了 80 万名客户，股价下跌80%，因为这对客户来说是一个非常不受欢迎的决定。但是，如果奈飞当时没有这样做，就不会像今天这样在全球引起轰动，这证明有时我们需要做出艰难的决定，即使这会导致短期内的客户流失问题。

那么，我们要做的第一件事是确定问题的类别以及该问题与营销组合的哪个部分相关。例如，我们已经确定了主要食品品牌的外卖服务中出现的问题，问题分为以下几类。在表3-7中我留了空白框，以便您可以将自己的观点填入其中。

表3-7　营销组合客户体验问题类别

	第1步：预购	第2步：购买	第3步：参与	第4步：保留	基本原理
推广					为进驻餐厅做推广并简化导航让其成为潜在用户的首选项
推广					
价格					简化平台上的定价结构
价格					
渠道					使变更信息更容易，如变更地址或其他信息，或者变更餐厅选择
渠道					
产品					使操作变得更容易，如直接在应用程序上取消订单
产品					

现在，让我们了解如何使用营销组合的不同元素来改善客户体验。再次牢记体验三角模型并填写下面的模板。首先，我在表3-8中提供了一系列示例，说明公司（如主要食品品牌的外卖服务）应如何根据上述见解改进其客户体验。

表 3-8   使用营销组合改善客户体验

	熟 悉	惊 喜	直 觉
产品	服务水平提升：为客户创造熟悉的空间，如区域分层或为他们提供个性化旅程。为某些忠诚度高的客户提供更多的功能和收益，让他们感到受重视	惊喜和愉悦：我们为尊贵的客户推出了一些额外的礼物和惊喜	改进导航：使用比较表来阐明现有的价值主张。除此之外，我们还可以在旅程的各个环节使用其他工具使导航更清晰，如弹出窗口。诸如 Wisepops 之类的工具非常适用于此需求
产品			
渠道	收藏夹：为了帮助建立熟悉度，您可以添加客户最喜欢的餐厅或他们一直想购买的食品	定制化选项：根据您对某些客户的了解，为他们提供额外的升级服务，如提示在哪里购买他们最喜欢的食品	简单的跨渠道导航：让跨渠道导航变得非常简单，以定位不同类型的选项并确保客户最想要的东西是价值主张中最重要的部分
渠道			
价格	免费试用：特别是对数字化价值主张，人们习惯于先进行免费试用，然后看看是否适合他们 简单的定价结构：一个非常透明、易于理解的定价结构使客户能够轻松了解他们支付的价格能让他们得到什么	奖励和折扣：向新用户提供一定数量的免费餐点或当地餐馆的折扣等额外优惠，可以激励他们成为会员	推荐计划：这是一种强大的工具，会奖励推荐新人的现有会员。通常最好的"会员拉新计划"会给现有会员和新会员都带来一些额外的好处
价格			

	熟 悉	惊 喜	直 觉
推广	当您通过开发和扩大内容让您的客户直接参与体验时，促销效果会更好 这发挥了营销口口相传的特性，如果您可以让您的客户创建可共享的内容，最好的情况是它能迅速传播开来，最差也可以影响类似的目标受众，因为人们能在网络上看到客户的帖子	推荐当地餐厅的比赛：我们要求我们的会员在我们目录中尚未列出的当地纯素食餐厅进行自拍并将其发布到社交媒体上，然后拷贝给我们。如果餐厅后来被纳入我们的目录中，该会员将在这家餐厅获得一次免费用餐的机会	我们最后的改进是回顾一下看看交付的整体客户体验。我们想确保，纯素食格调（Vegan Life and Styles）这个品牌在客户旅程的每个环节都顺利完成。这意味着要确保平台、通信、客户服务，甚至我们的合作伙伴，都拥有一致的外观体验与格调
推广			

评估和测试周期

一旦我们开发了这个加强版的客户体验，就可以对客户进行测试，并再次重复我们在第 2 阶段进行的完整测试过程。这应该是一个无限循环：迭代、测试和反馈，以此不断改进。

在客户经历过改良版的客户旅程后，使用图 3-12 中的模板再次绘制客户情感旅程。

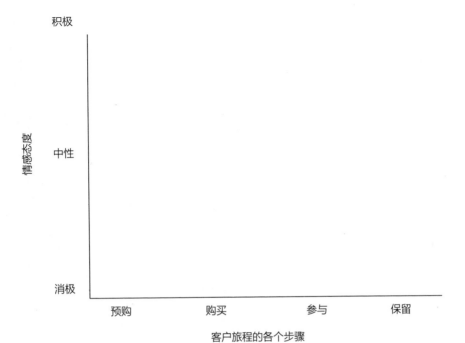

图 3-12　情感旅程地图：实现

2

第二部分

如何建立您的品牌

第4章

发展您的品牌

在第二部分，我们将探讨品牌发展和扩展的各个方面。在这一章，我们将专门研究如何建立一个能够真正引起目标受众共鸣的品牌。然后在本部分的后续章节中，我们将研究如何使用各种工具和技术来扩展和维持品牌。

当您查看当今一些最具标志性的品牌时，如谷歌、亚马逊、特斯拉、奈飞、优步、Instagram[①] 和 Spotify[②] 等，值得思考的是它们的共同点。它们都是品类的颠覆者，相对而言，它们的存在时间并不长。最久的亚马逊成立于 1994 年，在不到 20 年的时间里已成为世界顶级品牌。这一现象正如营销传奇赛斯·戈丁（Seth Godin）所说："成立于 1908 年曾经很重要……但现在这是一种负债。"

在许多方面，建立一个成功品牌的障碍在过去几年中无疑已经减少，因为数字媒体使观众可以通过轻触几个按钮实现大众化访问。然而，与此同时，我们看到客户对他们所接触和信任的品牌变得更加挑剔。因此，对公司来说，很明显存在两种不同的挑战：一方面有机会创造新品牌并将其推向市场；另一方面，长期维持这些品牌的挑战越来越大。

---

① Instagram 是脸书旗下一款在移动端运行的社交应用，可以向好友分享照片并获得点赞、评论。——译者注
② Spotify 是一个正版流媒体音乐服务平台，类似于国内的网易云音乐。——译者注

品牌的 360 度视图

为了帮助您建立品牌，我将使用一个新的品牌框架，我称之为"品牌的 360 度视图"。这个框架的好处在于它的持久性，因为一旦我们走过了每个阶段，它就会成为您持久的品牌架构或指导方针文件。随着时间的推移，它可以用来准确地阐明您的品牌做什么、代表什么以及如何向各利益相关方表达自己，这对品牌的进一步扩展很重要。

图 4-1 是 360 度品牌框架的概览。

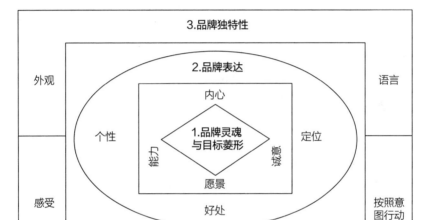

图 4-1　360 度品牌框架

品牌灵魂与目标

强大品牌的核心是与人建立强力联系的能力，因为这种联系承诺解决某个重大问题。您可能已经了解通过使命或愿景宣言表达公司的宗旨，这种宣言旨在强调公司在追求利润的同时希望实现的目标。然而，这里存在的一个问题是，它通常非常模糊、宽泛，给客户和员工留下了更多关于公司发展方向的问题，而不是答案。一个很好的例子来自一家世界领先的家居公司，它的使命宣言是：为每个人创造更美好的每一天。

如今，人们希望在鼓舞人心的层面和信息层面与品牌建立联系，以了解品牌如何提供与人们自身一致的价值观，同时也了解品牌如何负责实现这一价值观。为了实现这个双重目标，图4-2是一个我称之为"品牌灵魂与目标菱形"[①]的新模型，它可以帮助您创建的品牌阐明这些维度。

它有四个维度，分别关注品牌的意图（内心）和意愿（诚意），这组成了灵魂部分。同时也关注品牌的能力（能力）和愿望（愿景），这组成了目标部分。在模板中，您会看到这一模型的各个方面，每个方面都附带一个您要回答的问题。

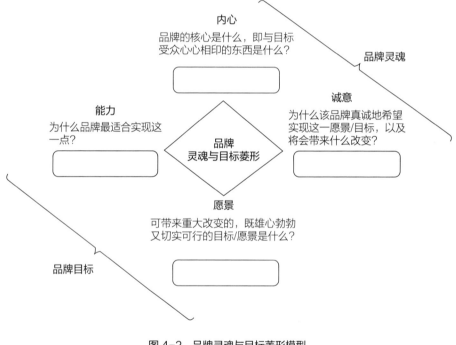

图4-2　品牌灵魂与目标菱形模型

_____

① 在英文中，diamond一词有"菱形"和"钻石"两种含义。因此，这里的菱形模型也可以翻译为钻石模型。为了保持与书中的体验三角模型、电子商务评估五边形模型等模型的一致，这里翻译为"菱形"。——译者注

为了说明这一点，在图4-3中举一个著名食品连锁店的例子。

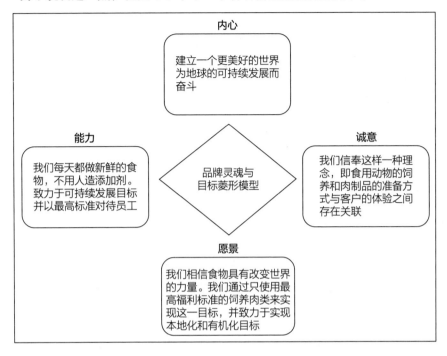

图4-3 品牌灵魂与目标菱形模型示例

正是从这个模型中，您能够发展品牌故事和叙事，帮助人们理解并讲述品牌存在的原因，它的目标是什么，以及为什么会实现这一目标。此外，品牌故事形成了一个基础，在此之上，您可以产生积极的公关，为您的品牌建立商誉。基于上述讨论，这里是那家著名食品连锁店可能的品牌故事或叙事概要。

我们相信食物有改变世界的力量。我们坚信食材的培育和准备方式与其味道之间存在相关性。因此，在把食物从农场带到餐桌上的过程中，我们达到了最高的道德标准。我们信奉新鲜，所以每天准备食物，不会使用人造添加剂，也不会用到微波炉、冰柜或开罐器。当您走进我们的餐厅时，您会看到员工的笑脸就像我们的食物一样纯净，我们对员工和食物充满信心，也坚持正确对待我们的员工。

接下来您可参照上面的例子，尝试创建自己的品牌故事或叙事。

品牌表达

您的目标受众如何接受和感知您的品牌至关重要，这取决于品牌如何表达自己。这里有两个维度供您考虑，如图 4-4 所示。

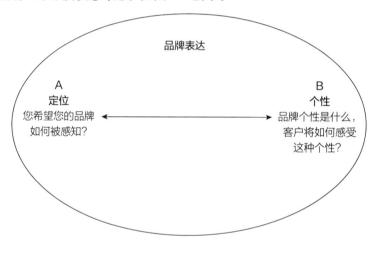

图 4-4　品牌表达的两个维度

定位

品牌定位是指相对其他品牌，您希望自己的品牌在市场上是如何被感知的。事实上，对了解这一点最有帮助的方法是进行盲觉测试（blind perception test），也就是设想如果您不在场的情况下，您希望人们对您的品牌说些什么。

自己选择一个品牌试试看。想想您经常接触的品牌（那么您很可能是它的目标受众），然后在下面的方框中写下您将如何用自己的语言描述这个品牌。它是有趣的、严肃的、昂贵的、有抱负的、负担得起的、雄心勃勃的、充满关怀的还是创新的？如果您心目中的品牌准确地反映了它的实际情况（您显然需要通过调查研究来了解实际情况），您就可以说它拥有良好的品牌定位。

打造品牌定位无疑是一项战略活动，它结合三个关键部分，从而形成总体品牌定位陈述，如图 4-5 所示。

| 第一部分：
了解目标受众的
需求和愿望 | + | 第二部分：
品牌灵魂与目标 | + | 第三部分：
相对于竞争对手的
期望感知 | = | 品牌定位陈述 |

图 4-5 品牌定位陈述关键

我们已经介绍了第一和第二部分，现在让我们关注第三部分，然后将它们全部结合起来。

相对于竞争对手的期望感知

为了确定这种期望感知，一种叫作"知觉图"的工具很有用，还记得我们在第 2 章中见过它吗？通过知觉图，您首先定义关键行业特征，然后在知觉图上找出您的品牌和竞争对手品牌，以确定您是否有独特的品牌定位。这使您能够确定相对于竞争对手，您的品牌想要以何闻名。

在您亲自尝试之前，让我用 Chipotle[①] 经营的餐饮业来举例说明。让我们假设，一方面，该行业可以分为提供健康食品和不健康食品的参与者，另一方面，可以分为提供快餐和完整就餐体验的参与者。现在我们可以开发一个如图 4-6 所示的

———————————

① Chipotle 是一家主打墨西哥风味餐饮的美国快餐公司，主要产品为墨西哥式的食品，食材多是新鲜的牛肉、鸡肉、猪肉，各种蔬菜、豆类和米饭等。——译者注

知觉图，然后将我们希望考虑的各个竞争对手放置到图中。

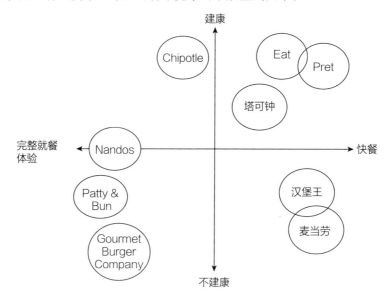

图 4-6　知觉图——Chipotle 和主要竞争对手

从这张知觉图中可以清楚地看出，Chipotle 与考虑到的其他公司相比占据了独特的位置。这张知觉图可以帮助我们确定它所处的位置，并了解它与其他竞争对手相比有何独特之处。

尝试为您的品牌创建一张知觉图，图中应包含您认为属于竞争对手的其他品牌。首先考虑可帮助您确定知觉图维度的关键行业特征。然后决定您的竞争对手是谁，并将它们绘制在知觉图上。您的目标应该是在知觉图上找到一个空间或空白，在那里您的品牌可相较于所有其他竞争对手占据一个独特且差异化的位置。

定义品牌定位陈述

基于您的知觉图，您需要清楚地阐明品牌的定位陈述，即您采用的品牌定位的概述。下面是一个品牌定位陈述的示例，该陈述仅基于我们对 Chipotle 的了解。

Chipotle 致力于向顾客提供含有纯天然原料的健康食品，以及一种被称为"休闲餐饮"的用餐体验。顾客在我们的餐厅用餐时会感到轻松和舒适，并很乐意花时间享受这种端到端的体验。

参考上面的示例，尝试在此处为您的品牌写下品牌定位陈述。

品牌个性

品牌表达的下一个要素是品牌个性。品牌个性指的是当人们在每一个客户触点上与您的品牌互动时，他们会体验到的"感觉"因素。逐渐地，您的品牌个性也必须成为您公司内部文化的一部分，并与您的员工一同在内部和外部建立一致性。

一个很好的例子是 Direct Line。它是英国最大的财产保险公司，依靠其品牌体现的"问题解决者"心态，创造了端到端的企业文化。它通过一场以著名电影《低俗小说》中的角色温斯顿·沃尔夫（Winston Wolf）为基础的营销活动，使"问题解决者"心态变得生动起来。整个公司都专注于在每次互动中"成为问题解决者"，客户从制定保单到提出索赔的全流程都可以明显感受到这一点。

为了帮助您定义品牌个性，让我们使用一种我称之为"个性情绪板"的技巧。实施这个技巧仅需遵循三个简单的步骤。

第1步：构建人格框架的线框图

第1步是线框化您认为品牌包含的特征类型。在这一步，您可以使用文字来创建线框图框架，用来描述您想要的品牌个性包含的不同元素。表4-1中是一些例子。

表4-1　线框图框架示例

温暖	轻松愉快	健康
经验丰富	道德意识	高效

表4-2是供您使用的空白模板。

表4-2　线框图框架空白模板

第2步：收集灵感

既然您已经确定了构成您品牌个性基础的关键特征，那么现在就需要您寻找灵感，思考如何将其变为现实。要做到这一点，您需要从不同的地方寻找例子——从相邻的垂直行业的品牌，到体现这一特征的名人。

表4-3中有一些例子，使用了上述描述的特征。

表4-3　线框图框架具体示例

马莎百货（M&S） **温暖** 艾伦·德杰尼勒斯 （Ellen DeGeneres）	天真（Innocent）果汁 **轻松愉快** 詹妮弗·安妮斯顿 （Jennifer Aniston）	Graze 零食 **健康** 杰米·奥利弗 （Jamie Oliver）
博姿药妆（Boots） **经验丰富** 谷歌	Ben&Jerry's 冰激凌 **道德意识** 莱昂纳多·迪卡普里奥 （Leonardo DiCaprio）	宜家 **高效** 刘易斯·汉密尔顿 （Lewis Hamilton）

使用上表 4-2 中的空白模板，为您列出的品牌特征添加自己的灵感。

第 3 步：发展品牌个性特征

显然，您在第 2 步发现的名人或品牌的个性要全部采用的话是非常困难的，所以您需要缩小范围。

您可以基于个性情绪板深入了解您品牌个性的表达方式和实现方式。根据表 4-4 中的四个领域填写以下模板。

表 4-4　品牌个性的表达方式和实现方式模板

领域	描述	示例	您的品牌
品牌外观	品牌的视觉识别是什么？	具有温暖的视觉吸引力，让人们感到放松，通过展现专业，从而赢得信任，同时使用强烈的配色方案凸显我们的道德本质	
品牌语言	品牌的口头标识（verbal identity）是什么？	非常轻松自在，我们的目标是让一切简单随意。不用行话，并且会以幽默的方式暗示我们不把自己看得太重	
品牌行动	品牌做了什么使其与竞争对手不同？	我们能轻松找到解决方案、效率高并以最环保的方式做所有事情	
品牌感觉	这个品牌是如何让客户感觉到它与竞争对手不同的呢？	我们觉得自己在乎您，就好像我们想给您一个拥抱，就好像我们希望您加入我们。每个人都是受欢迎的	

品牌独特性和差异化

记住：品牌是对客户的一个快速提示，这样当他们有需求时，首先出现在他们脑海中的就是您的品牌。因此，您的品牌首先必须真正脱颖而出获得关注，然后要非常独特，能让您的品牌在客户的记忆结构中根深蒂固，这样只要他们的需求在您这里可以解决，他们就会优先购买您的产品。现在重要的是，在品牌发展过程中，这两者必须区别对待。第一个——您为何与众不同——是我们所说的"品牌独特性"，而您的外观和表达方式如此独特以至于根深蒂固到客户的潜意识中的能力被称为"品牌差异化"。要开发这两个方面，可以通过图4-7中所示的品牌独特性与品牌差异化框架。

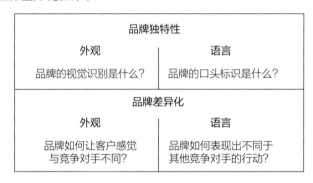

图 4-7　品牌独特性与品牌差异化框架

如您所知，我们已经开始在为品牌个性构建模块，现在让我们更深入地挖掘每个模块。

品牌独特性

著名营销学教授马克·里特森（Mark Ritson）认为，对大多数品牌经理来说，80%的挑战应该是在品牌密码[①]、独特性和显著性上。这证明了当人们有需求并试

---

① 品牌密码或品牌代码，是指品牌的个性化特征，如品牌的设计、格调、立场等。——译者注

图记起品牌时，品牌的外观和表达方式多么重要。

想想看，如果我问您哪个网络公司的标志中有蓝色、红色、黄色和绿色，您可能会立即给出答案——谷歌（讽刺的是，都无须用谷歌搜索就知道了答案）。如果我问"金色拱门"这个著名的标志是哪个品牌的，您会又一次立刻知道它的名字。您绝对不会把它误认为任何其他快餐连锁店！这是因为这些品牌实际上位于您的潜意识记忆结构中，您可以随时快速回忆起它们。我们需要努力实现类似水平的回忆。

有两个关键的组成部分可促成品牌的独特性——视觉识别（外观）和语言识别（口头或书面的表达方式）。

视觉识别

视觉识别分类如图 4-8 所示。

图 4-8　视觉识别分类

商标和符号

您的商标和其他围绕您品牌的符号可以说是最重要的视觉资产。商标在物理意义上被用作标识符。例如，由于其独特性，您可以在数十米外看到"金色拱门"。

商标和符号还具有更大的潜在意义，已经成为客户与它们之间情感纽带的一部分。例如，亚马逊的商标有一个箭头，从字母 A 指向字母 Z。这发出了一个强烈的信息，它拥有我们所需要的一切，并将迅速交付。

在今天的数字环境中，可以说商标和符号的影响更加深远，因为数字资产只会变得更小巧。因此，在缩略图中，人们看到的唯一东西就是一个商标，人们依赖这个商标做出购买决定。

开发商标是一项涉及多方面的工作，您应该考虑图 4-9 所示的商标特征的五个要素。

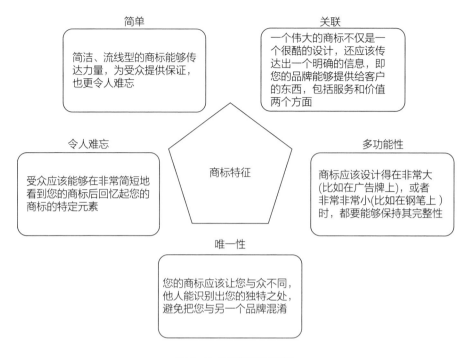

图 4-9　商标特征五要素

颜色和排版

您必须密切注意配色方案和排版，因为它们会揭示您品牌的很多信息。例如，颜色会引发一系列情绪和联想，尽管这些情绪和联想是与特定环境相关的。例如，红色代表热情，蓝色代表宁静，橙色代表勇气，等等。

还值得做的是定义主要、次要和三次配色方案，并带上使用说明。表 4-5 是一个例子（请注意使用颜色代码以保证准确性）。

表 4-5　颜色排版配色示例

标　题	主要颜色 –6D8700
正文的背景：	次要颜色 – 9DB300
页眉和页脚：	BAC600

排版也很重要，有助于展示品牌的个性和意图。有三种类型的排版：

- **衬线字体**：在字画的开始或末尾有额外装饰，并且重心分布很明显，如图 4-10 所示。

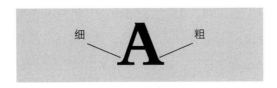

图 4-10　衬线字体

衬线字体什么时候使用？通常情况下，当您是一个奢侈品牌或历史品牌，并被认为有可靠的权威地位时用衬线字体。例如，佳能、本田、汇丰银行和巴宝莉。

- **无衬线字体**（**sans-serif**[①]）：实际上，该词只是意味着没有衬线或额外的装饰，如图 4-11 所示。

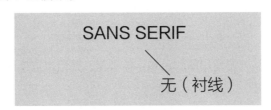

图 4-11　无衬线字体

无衬线字体什么时候使用？通常，现代的公司，如科技公司或运营某个应用程序的网络公司宜采用无衬线字体，因为无衬线字体展示这些公司干净利落的新风貌。亚马逊、脸书和谷歌都是很好的例子。

- **手写字体**：这种字体类似于手写，如图 4-12 所示。

图 4-12　手写字体

---

① sans-serif 一词中，sans 来源于法语，意为"没有，无"；serif 来源于荷兰语，意为"线"。——译者注

手写字体什么时候使用？这种字体更俏皮有趣，几乎可以认为是书法。例如，银子弹啤酒（Coors Light）、可口可乐和 Instagram。

近年来，我们确实看到了商标转向无衬线字体的变化，特别是在时尚、科技和零售部门。汉堡王、巴宝莉、圣罗兰、Pinterest[①] 和 Spotify 等品牌都曾尝试以这种方式重新推广它们的商标。为什么？好吧，首先要适应我们上面考虑的商标特征，如需要无缝地适应数字资产。其次，这种字体风格是"科技"品牌的同义词，因此向市场发出了一个重要的信号，表明它们正在以这种方式转型。

另外重要的是，要研究其他品牌并确保您使用的字体和排版不会被误解或被视为冒充其他品牌。在这方面，图 4-13 中有一些简单的指导原则。

研究主要竞争对手的品牌，包括它们的字体和排版　创建一组与竞争对手非常不同的字体和排版　对客户进行研究，以确保他们认为您的品牌具有真正的独特性

图 4-13　避免字体和排版被误解原则

考虑一下您的品牌要使用的颜色和字体类型，并给出这样做的理由。

摄影和艺术作品

最后，我们使用的摄影和艺术作品类型至关重要，因为它们会与您的品牌建立强有力的联系。例如，迪士尼在其实体和数字资产中使用"卡通"风格的艺术作品，而耐克则使用现实生活中的体育人物来凸显品牌经久不衰的精神。

因此，对您的品牌，您需要定义摄影和艺术作品的类型，以增强品牌活力。

---

① Pinterest 是世界上最大的图片社交分享网站，以瀑布流的方式呈现新的图片。——译者注

考虑图 4-14 中的三个方向，并填写模板底部的空白。

抽象	抽象	抽象
当我们想让我们的受众自己将品牌的各个方面联系起来时经常会用到这种艺术类型。它为受众提供了一种好奇心，一种有趣又开放的解释，让受众"将品牌变成自己的"	这些现实的描绘通常呈现目标受众是如何在典型情境中使用产品或服务的。其目的是建立一种联系，观众可以通过图片想到自己使用产品和服务的样子。这样表明产品和服务是适合他们的	这种类型的艺术作品旨在将虚构与非虚构相结合。它让观众在发挥想象力的同时能够自己构想出一幅可以理解的画面。这种方法通常使得一些艺术作品可以呈现一种稍微超越的现实版本
PayPal、Spotify、微软	耐克、Fairy、Marks and Spencers	迪士尼、Chipotle、Slack

图 4-14 摄影和艺术作品类型模板

言语识别

书面或口头表达的方式会对客户产生非常持久的影响。此外，文案中使用的语气和语言对客户的记忆结构有很大的影响。例如，健康饮料品牌 Innocent 能够通过瓶子上的文案创造出有趣又有意义的时刻，这是该品牌赢得客户忠诚并取得成功的关键所在。为了确定我们应如何在您的品牌中使用这些言语暗示和言语识别，我们将讨论如图 4-15 所示的三个关键领域。

语气和语言　　文案和术语　　音乐和声音

图 4-15　言语识别三大关键领域

语气和语言

想想您的父母、朋友，甚至是在商店里无意中听到的陌生人的谈话，他们说话的方式有多么不同。他们说话的方式、口音和对不同词语的使用都能帮助我们在脑海中描绘出他们是谁。

同样，您的品牌需要实现类似的目标，即使用特定的语气和语言来进行跨接触点[①]交流。

重要的是，您所使用的语气和语言要强化您的品牌，而不是给客户带来困惑，就像您的医生在预约问诊期间如果用行话与您交谈，您会非常困惑（并且有点担心）一样。

为了帮助您实现这一目标，这里有一个称为"语气和语言轮"的框架，它展示了您可以采用的不同风格。有四个维度需要考虑。在这四个维度中，我们可以查询每个维度的两端，以确定哪种风格最适合您的品牌。一个能找出合适的语气和语言的有效方法是在不同的维度都写一个常用的语句，看看您认为哪个最能反映品牌特征。

图 4-16 是一个语气和语言轮的示例，关注的是餐厅的外卖服务。

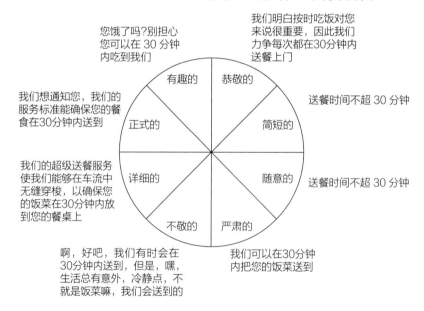

图 4-16　语气和语言轮示例

---

① 接触点或客户触点可以被定义为消费者与企业进行互动的任何方式，无论是人与人之间，通过网站、应用程序还是任何形式的交流。——译者注

自己尝试填写一下图 4-17 中的语气和语言轮模板。选择一个您认为会在自己的品牌中经常使用的语句,并根据语气和语言轮模板中的提示词来写出对应的语句。

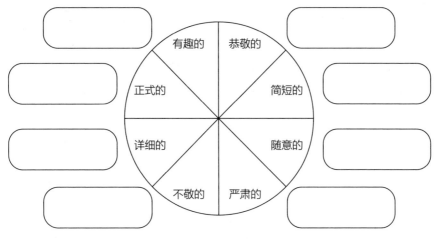

图 4-17　语气和语言轮空白模板

文案和术语

我们已经谈论了语气和语言,现在让我们思考一下文案和术语。有趣的是,根据微软的说法,在营销中,文案是仅次于搜索引擎优化(SEO)和数据分析的第三重要技能。依靠其书写方式,出色的文案写作使客户能够轻松浏览复杂的信息。

文案写作可以分为两个主要领域:技术文案和非技术文案。它们的关键区别在于,技术文案要考虑将文案用作增强 SEO 的工具,因此其写作专注于关键词,以便达到最优化效果。

您需要注意,出色的文案写作包含图 4-18 所示的四个关键维度。

一致	关联
确保您的风格在每个客户触点都保持一致	无论我们写什么,都需要与品牌和受众相关,并且要有时效
语法	句法
拼写错误和标点符号错误让人分心并会让人们难以理解品牌要传递的内容	写出的句子结构要适合受众和品牌

图 4-18　技术文案 – 关键词和术语

对品牌，您当然希望优化其"可搜索性"，因此您需要考虑文案中的关键词和术语。我们将在第8章详细介绍关键词搜索，但是在您开始写作文案之前，可以使用两种简单的技术对这方面进行优化。第一种是您自己进行简单的搜索研究，在谷歌中输入关键词并查看结果。这将使您了解在文案中要使用哪种类型的关键词。第二种是您可以求助于诸如谷歌关键词规划师（Google Keyword Planner）之类的工具。图4-19是一个例子，我想获得与纯素食餐相关的其他关键词。

关键词(按相关性) ↓	平均月度搜索	竞争度
纯素食物	10K-100K	中
纯素晚餐食谱	1K-10K	低
简单纯素食谱	10K-100K	低
素食食物	1K-10K<	中
基于植物的食谱	1K-10K	中
纯素晚餐	1K-10K	低
纯素面食食谱	1K-10K—	低

图 4-19　谷歌关键词规划师示例

您可以查看其他关键词的受欢迎程度以及它们的竞争程度，这些信息能帮助您决定将哪些词纳入您的文案中。在高搜索与低竞争之间取得平衡是最佳策略。

音乐和声音

音乐和声音是一个品牌越来越重要的感觉成分，就像那些在您的脑海中萦绕很久的歌曲一样。事实上，某些声音会触发怀旧时刻，这些时刻常常给客户留有积极印象。

因此，声音是品牌印象的重要组成部分，也能帮助客户有效区分品牌。例如，万事达卡最近创建了一个"声音商标"（sonic logo），每次有人用卡付费时都会播放，目的是让人们记住品牌。随着我们转向亚马逊 Echo 等智能音箱设备来消费内容和信息，这种方法会变得越来越重要。此外，益普索[1]（Ipsos）认为，这是让受众记住您的品牌的最有效的方法之一。

为了开发一种音乐或声音，您应该首先使用"音乐情绪图"来确定您希望我们的听众在听到这种声音时所感受到的情绪。当听众听您创作的音乐时，您可以在"音乐情绪图"上定位您想要在他们身上触发哪种情绪。

一个很好的例子是英国的 Just Eat[2] 公司，该公司将音乐置于品牌的核心位置。为了吸引新的都市年轻受众，它请来了传奇说唱歌手史努比·狗狗（Snoop Dogg）来代言品牌。史努比·狗狗创作了一首定制歌曲，意在创造"轻松娱乐的难忘时刻"。

在图 4-20 的音乐情绪图中圈出最能描述您想要创造情绪的词语。我已经画出了 Just Eat 在图中的位置。

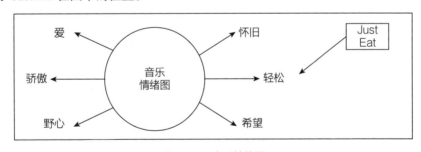

图 4-20　音乐情绪图

---

① 益普索是一家全球知名的市场研究公司。——译者注

② Just Eat 是一家外卖公司，类似于美团。——译者注

品牌差异化

您已经快完成 360 度全方位品牌拓展了，只差最后一步，即品牌差异化。任何品牌的核心都是为消费者增加价值的能力。事实上，我们可以说这种能力是市场营销的基石。奥美[①]（Ogilvy）副董事长罗里·萨瑟兰（Rory Sutherland）表示："行动胜于雄辩：要用有意义的服务来帮助您的客户。"他谈到了一个品牌"言行一致"的重要性，甚至要超越"言行一致"而达到帮助客户的程度，这导致了品牌的高度差异化。

然而，仅仅采取行动在客户的眼中还是不够，将"意图"和"行动"结合起来而引发的客户情绪才能真正让您的品牌具有差异。有证据表明，能够做到这一点的品牌的增长速度实际上是其他品牌的两倍以上，这也展示了品牌差异的力量。

我们将经历一个包含两步的过程，以便为您的品牌开发一个清晰的品牌差异化方案。该方案以行动、意图和客户情感为中心，如图 4-21 所示。

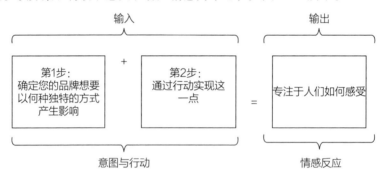

图 4-21　意图与行动和情感反应两步图

第 1 步：确定您的品牌想要以何种方式产生影响

让我们转向最近的新冠疫情，这是一个真正能够让不同品牌展现差异并脱颖

[①] 奥美集团由大卫·奥格威（David Ogilvy）于 1948 年创立，是一个总部位于美国纽约的综合营销代理商。——译者注

而出的时期。然而，根据安可顾问公司（APCO Worldwide）的一项研究，仅有少数品牌真正做到了脱颖而出，如亚马逊和沃尔玛等。因为它们当时非常明确地定义了自己的行动。此外，莱思韦特（Laithwaite）还进行了一项分析，考察了从银行（渣打银行）到快速消费品公司（联合利华）等各种公司是如何根据自己的价值观采取行动的，见表4-6。

表4-6　不同品牌价值观与行动示例

渣打银行	启动了 5000 万美元的基金来支持疫情受害者	▶	为所当为
可口可乐	为北美和加拿大的应对新冠疫情非营利组织提供了 1350 万美元的赞助	▶	我们关注工作场所与人权
百事可乐	向高危人群分发 5000 万份餐食	▶	责任与信任
塔塔集团	承诺向受影响社区提供 2 亿美元、免费教育软件和新冠患者追踪系统	▶	责任
美国全国保险公司	向小企业供应商付款时间缩短至 10 天	▶	以诚实和正直的态度行事
乐高	承诺向受害者提供 5000 万美元的支持，并推出了一个网站，使世界各地的家庭能够通过社交媒体连接到基于游戏的学习服务	▶	学习与关怀
联合利华	捐赠了价值 1 亿欧元的消毒液、肥皂、漂白剂和食品	▶	积极影响与持续改进
英国电信集团	所有 5.8 万名非管理人员的薪酬增长 1.5%，以表彰他们在疫情期间所做的努力	▶	以人为本
花旗	向全部 20 万名员工增加一天额外假期，以表彰他们在危机期间的努力	▶	负责任地行事

通过这两项调查研究，可以明确的一点是这些品牌因在其最为大众所知的领域增添价值而获得了关注。同样，您的品牌需要清楚自己的专业领域，以及它如何能够超越竞争对手为人们带来最大的价值。通过这种做法，您可以切实创造一种双赢的局面，因为这种行动不仅会带来更高的品牌资产，而且有证据表明通过

积极主动地满足利益相关者的需求，您的品牌将更有适应力，甚至在充满挑战的时期也能更快地恢复活力。

因此，要做到这一点，您的品牌需要能够回答图4-22中的两个问题。

问题	示例	您的品牌
我的品牌想在世界上创造什么？	"每次我乘坐其他航空公司的飞机，发现飞行体验令人并不满意时（21年前确实体验不佳），我想，也许我可以创建一家我想要的航空公司。所以我从波音公司买了一架二手的747飞机，并尝试实现这个想法！"维珍航空创始人理查德·布兰森爵士	
为什么它是独一无二的？	维珍航空希望专注于客户体验的方方面面，在人们乘坐该航空公司的航班时营造出一种兴奋感。他们提供了一系列不同的服务——从按摩到环保的休闲服，以实惠的价格提供奢华的体验	

图4-22　确定品牌认知领域的两大问题

第2步：通过行动交付

一旦确定了您的品牌希望在世界上创造什么以及为什么是独一无二的，您就需要制订品牌计划来实现这一目标。这种方法的核心是确保您的品牌"所说"和"所做"的透明度和一致性，我们看到越来越多的品牌被"唤醒洗涤"①（woke washing）玷污。联合利华的首席执行官艾伦·乔普（Alan Jope）表示："特别多的品牌发起的活动并没有支持他们品牌所说的和他们的品牌所做的，这会破坏有目

---

① 唤醒洗涤是指一些公司、组织或个人在言论中表达了对一些边缘群体或社会问题（身材、种族、性别包容性以及可回收、天然有机原材料等）的高度关注并承诺为此做出改变，以树立良好的企业形象，赚取更多的利润，但实际并未采取行动。——译者注

的的营销。以目的为导向的品牌传播不仅仅是'让他们尖叫,让他们购买①(make them cry, make them buy)'的问题,而是是否采取实际行动的问题。"例如,联合利华通过其可持续生活计划践行品牌理念,并制定了非常明确的行动计划,如图4-23所示。

图 4-23　联合利华可持续生活计划页面

请用图4-24中的模板,为您的品牌制订一个类似的计划。

情感反应:人们的感受

通过正确的意图并采取正确的行动为您的受众创造价值,您的品牌将表明它真正关心客户,愿意进一步与客户建立深厚的联系。值得考虑的是,您的品牌通过其意图和行动会给您的客户带来何种感受。或者,换一种方式说,当您的客户与您的品牌互动时,您最希望他们感受到的情感是什么?

----

① 即通过调动客户的情绪,促使他们做出购买行为。——译者注

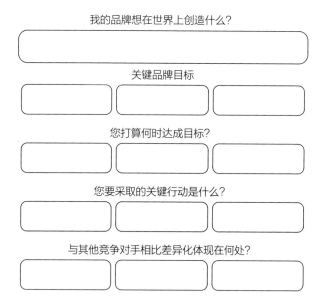

我的品牌想在世界上创造什么?

关键品牌目标

您打算何时达成目标?

您要采取的关键行动是什么?

与其他竞争对手相比差异化体现在何处?

图 4-24　品牌行动计划模板

这将需要您监控您是否实际上达到了您期望的反应。要做到这一点,我们可以使用我称之为"情感轮"的工具。它可以让您描绘出您希望客户在与品牌互动时所感受到的情感类型。您还可以添加一些竞争对手的品牌,确定他们的品牌唤起了客户什么样的情感。图 4-25 是不同巧克力品牌的示例。

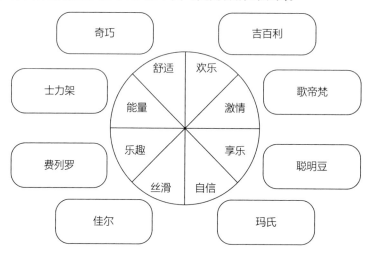

图 4-25　情感轮

使用图 4-26 中的空白模板，为您的品牌以及您的一些竞争对手进行定位。

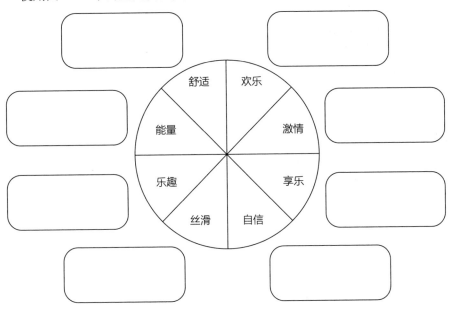

图 4-26　情感轮空白模板

第 5 章

扩大品牌规模
的秘诀

在前一章中，您了解了如何创建一个独特、差异化的品牌，最重要的是了解了如何在理性和情感层面与人们建立联系。现在，您可能认为您已经完成了实现品牌成功所需的艰苦的"基础"工作。没那么快！记得在上一章中，我提到现在建立品牌的障碍比以往任何时候都少，但维持品牌比以往任何时候都更难。这是为什么？

事实是，在如此激烈的竞争中，您的品牌很难真正脱颖而出，也很难在消费者中建立信誉，获得他们的关注和信任。实际上，只有极少数品牌能够取得突破并获得非同一般的成功。特斯拉是一个很好的例子。在成立不到 20 年的时间里，它已经超过丰田成为世界上最有价值的汽车制造品牌。这当然不是巧合，而是经过相当严谨的设计，才使其能够实现品牌最大化并在如此短的时间内取得现有的成就。

在本章中，我将揭示特斯拉这样的品牌在开发和发展其品牌时所使用的秘诀，并带您逐步了解您需要为品牌做出的战略选择，以便能够复制这一成功。图 5-1 是一个四层的"品牌创建秘诀"模型。

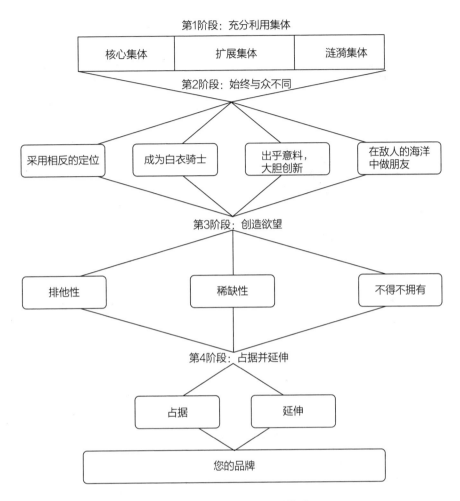

图 5-1　品牌创建秘诀四层模型

第 1 阶段: 充分利用集体

　　每个品牌的核心都是一群个体, 他们选择聚在一起解决问题, 然后产生连锁反应, 影响其他人以各种方式 (如通过贡献、倡导、习惯和忠诚等) 支持该品牌。

　　在每个阶段, 不同的人群在品牌价值的产生中扮演着不同的角色, 我称之为

"人民集体"，或简称"集体"。从知名的创始团队到著名的早期投资者和有影响力的客户，每一个都发挥着作用——至关重要的一点是，您要知道如何在不同阶段利用他们为您的品牌提供成功所需的条件。

让我向您展示如何通过我所说的"集体品牌模型"为您的品牌实现这一目标，这其中有三个阶段需要考虑，如图 5-2 所示。

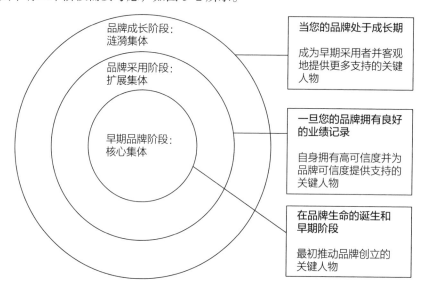

图 5-2　集体品牌模型

早期品牌阶段：核心集体

在品牌诞生之初，创始人在召集团队解决问题方面发挥着至关重要的作用。实际上，这个团队正是品牌早期最大的资产，因为您需要利用他们的信誉、能力和个人品牌。这就是为什么获得合适的团队至关重要。因为合适的团队能说服其他人相信两个重要内容。首先，您选择的事业值得为之奋斗。其次，基于技能、知识、权限和能力的综合考虑，你们团队是"创造"解决方案的合适人选。这两个维度就是我所说的"品牌核心集体"，如图 5-3 所示。

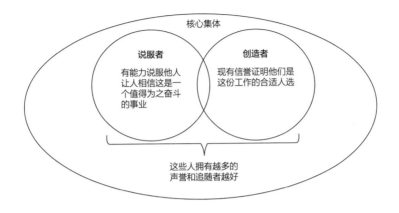

核心集体

说服者
有能力说服他人让人相信这是一个值得为之奋斗的事业

创造者
现有信誉证明他们是这份工作的合适人选

这些人拥有越多的声誉和追随者越好

图 5-3　品牌核心集体

　　因此，第一步，您需要分析品牌核心集体并加以发展。创始人通常扮演"说服者"的角色，相当有人格魅力且受欢迎，并且对这个行业有着深刻的理解。例如，范纳媒体（Vayner Media）的加里·韦纳丘克（Gary Vanerchuk）和搜秀链（Social Chain）[①]的史蒂文·巴特利特（Steven Bartlett），他们利用自己的个人品牌为与之相关的企业提供高可信度。同时，该团队需要具有非常深厚的专业知识，以便能够完成品牌布置的艰巨任务。

　　使用图 5-4 中的模板，写下您团队中的哪些人属于核心集体，并将他们与右侧的属性进行比较。

　　如果发现这个集体中有空缺，您必须努力将其消除。这可能意味着您要招募一些新人（不一定是全职）来填补这些空缺。实现这一目标的一个好方法是，邀请一些非常可靠的非执行董事加入董事会，他们可以成为您创始团队的一部分。

---

① 搜秀链是一个新兴的区块链直播社交平台。——译者注

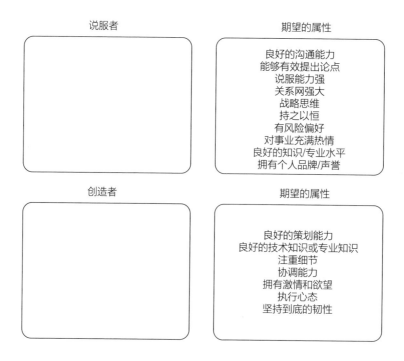

说服者　　　　　　　　　　期望的属性

良好的沟通能力
能够有效提出论点
说服能力强
关系网强大
战略思维
持之以恒
有风险偏好
对事业充满热情
良好的知识/专业水平
拥有个人品牌/声誉

创造者　　　　　　　　　　期望的属性

良好的策划能力
良好的技术知识或专业知识
注重细节
协调能力
拥有激情和欲望
执行心态
坚持到底的韧性

图 5-4　核心集体与属性

扩展集体

一旦您的核心集体就位并且您的品牌获得了一定的吸引力，您就需要在此基础上使用"扩展集体"。在这个阶段，您要努力为品牌建立证明点[①]。这可以通过利用与核心集体以外的、极具影响力的人的关系来实现。您可以通过多种方式实现这一目标，具体取决于您的品牌战略。我在这里列出了一些方法供您参考：

- **（天使）投资人**：通常在这个阶段您的品牌已经获得一定的吸引力，现在可能会寻求引入早期投资者。有一个术语叫作"行家的投资"（smart money），用来暗示这个人不仅能带来资金而且能打开市场，哪怕只是带来

---

① 证明点是指能够证明品牌质量、重要性、价值的例子等方面，如品牌排名、所获奖励、取得的成就、社会赞誉等等。——译者注

他们的关系。查看一个名为 Vintro 的平台，您可以在这个平台上向知名投资者争取支持。一个很好的例子是埃隆·马斯克（Elon Musk）。您可能认为他是特斯拉的创始人，但事实并非如此。特斯拉由马丁·埃伯哈德（Martin Eberhard）和马克·塔彭宁（Marc Tarpenning）于 2003 年在电动汽车早期成功测试的基础上创立。鉴于他们的工程背景和交付能力，埃伯哈德和塔彭宁成为公司的核心，但他们缺少一个关键要素，即善于经营的人。2004 年，作为天使投资人的埃隆·马斯克也成为董事，他们共同组成了特斯拉的核心集体。

● **顾问委员会**：组建顾问委员会也是与您所在行业的一些知名人士建立联系的好方法。他们是战略投入、品牌塑造的宝贵资源，并且他们还能通过向有影响力的同行宣传您的品牌来提供帮助。要建立一个顾问委员会，您需要选择具有不同技能和经验的人，他们相信您的事业并愿意贡献自己的名声和时间来帮助您建立品牌。营销学院组建的顾问委员会就是一个很好的例子。

● **品牌大使**：品牌大使将积极拥护您的品牌并进行相关代言。他们值得信赖，可以传播有关品牌及其核心理念的信息。他们应该是您的目标受众钦佩或渴望成为的人。例如，Atom Bank[①] 由著名的说唱歌手 Will.I.Am 作为其品牌大使，而营销学院则有 50 位被称为开创 50 人（Founding 50）的品牌大使。写下您的品牌可以怎样利用扩展集体，以及您的扩展集体都有哪些人。

涟漪集体

在品牌的发展阶段，关注我所说的"涟漪集体"很重要。这些人真正相信您的品牌、价值和产品。

他们不仅愿意成为您的早期支持者，从您那里购买产品，而且还希望成为您社群的一部分并为您的品牌提供担保。可以说他们是您品牌发展中最重要的人，

[①] 这是英国第一家完全基于移动应用的数字化零售银行，也是首个获得监管牌照的挑战者银行。——译者注

因为他们的存在可以证明您能够在市场上兑现承诺。无论如何您必须维护好这类关系，让他们感到自己备受重视，这样他们就会想要通过推广品牌故事来提供帮助，并与您一起踏上品牌扩展之旅。

图 5-5 中有一些方法可以实现这一点。

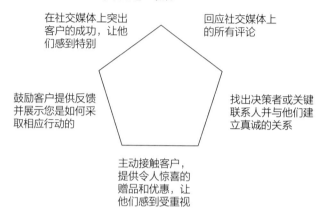

在社交媒体上突出客户的成功，让他们感到特别

回应社交媒体上的所有评论

鼓励客户提供反馈并展示您是如何采取相应行动的

找出决策者或关键联系人并与他们建立真诚的关系

主动接触客户，提供令人惊喜的赠品和优惠，让他们感到受重视

图 5-5　维护涟漪集体五边形模型

第 2 阶段：始终与众不同

对您的品牌而言，保持一致但又与众不同，这听起来充满矛盾，但这正是您需要实现的目标。这实际上是一个包含两个阶段的过程，首先确保您的品牌勇敢无畏，正如万事达卡首席营销官拉贾·拉贾曼纳尔（Raja Rajamannar）所说："在同一片海域里航行"并不奏效。一旦您达成了勇敢无畏这一点，您的品牌就需要加倍努力，随着品牌发展不断加强对品牌的所有权。

有关这一原则的一个很好的例子来自埃隆·马斯克的另一家企业——成立于 2003 年的太空探索技术公司（SpaceX）。对商业实体来说，它具有大胆且甚至可以说是最极端的独特性，可以"彻底改变太空技术"。在发展早期，与同行NASA[1] 相比，它的地位可能会很可笑。然而，尽管遭遇了无数挫折，SpaceX "拓

①美国国家航空航天局。——译者注

展人类探索的界限"这一信念从未动摇。随着公司的发展，它开始产生吸引力，建立信誉。现在，SpaceX 作为一个在太空旅行方面的品牌，即使不比 NASA 更出名，也可以说与 NASA 齐名，更不用说它实际上帮助 NASA 重振了美国太空飞行。

因此，让我们探索您的品牌要如何实现这些看似对立的目标。我将向您介绍图 5-6 中的四种不同的技巧，供您参考，但您只需要采用其中一种即可。

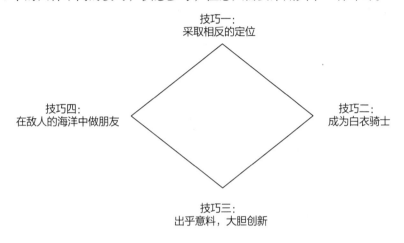

图 5-6　实现品牌对立目标四技巧（1）

技巧一：采取相反的定位

为了让您的品牌脱颖而出，当所有其他人向东发展时，您的品牌应该向西发展。这是一种强大的技巧，您可以将同类别中的所有其他品牌划归到同一个区域中，然而您的品牌则处于相反的位置。这是一种巧妙的品牌推广，虽然您只是突出了一个关键领域的差异，但它给人的印象是您的品牌与该类别中的所有其他品牌完全不同。

碳酸饮料中的一个很好的例子是"丑陋的饮料"（Ugly Drinks）。它能够在其标语中确立一个独特的定位，"没有糖分……只是气泡水"，明确暗示碳酸饮料的所有其他品牌都含有高糖分。

请记住：它只关注从其他品牌中脱颖而出的一个关键方面，然后加倍强调这一点，并在所有品牌资产中不断强调这一信息。

对您的品牌，请考虑一个属性，您可以利用这一属性采取与其他人相反的定位。

技巧二：成为白衣骑士 [①]

您可以通过突出关键行业和社会问题，然后以您的品牌为中心，以其他人无法做到的方式解决这些问题，从而为自己的品牌创造一个独特的空间。重要的是，这个问题需要足够重大，足够广泛，让人们关心并希望积极参与以产生最大的影响。这方面的一个很好的例子是玛莎百货（Marks and Spencer），它强调了地球可持续性问题，并专注于百货超市对这个问题的贡献。然后它创建了 A 计划，它的可持续发展计划成为其整个品牌战略的核心。

回到您的品牌，您可以在解决哪些重要问题方面发挥关键作用，而这些问题目前还没有被竞争对手关注？在这里填写您的想法。

---

① 白衣骑士通常代表着与邪恶做斗争的英勇战士。在商业并购中指的是在敌意并购发生时，目标公司的友好人士或公司作为第三方出面来解救目标公司、驱逐敌意收购者。在此处的含义是英勇的解决问题者。——译者注

技巧三：出乎意料，大胆创新

三星欧洲首席营销官本杰明·布劳恩（Benjamin Braun）表示，要让您的品牌取得意想不到的成就，"您必须敢于冒险"。当您的品牌专注于实现出人意料的目标时，大胆创新并愿意承担风险是您事业的必要组成部分。

正是这种心态使汉堡王获得了戛纳国际创意节年度创意品牌奖。该奖项旨在表彰各个品牌为在全球不同地区增加产品独特性承担的创意风险。汉堡王的品牌已成为创意风险的象征，它推出了诸如发霉汉堡（moldy burger）之类的活动来突出其旗舰产品中不含防腐剂。汉堡王品牌的核心正是不断推出富有创意、原创且有震撼的因素。

考虑一下您的品牌可以通过做什么来传递这种特立独行的因素。

技巧四：在敌人的海洋中做朋友

最后一个技巧强调客户长期以来一直以某种方式受到不公正对待，他们却没有意识到这件事。然而，现在一个值得信赖的朋友让他们知道，有一种更好的方法可以让他们省钱、省时、省事。这会将品牌定位为值得信赖的顾问，暗示与其他品牌相比，它会更好地照顾客户，因此能让客户安心。

对很多需要高度信任的金融服务品牌而言，这是常用的技巧。其中一个很好的例子是 Transferwise[①]，它不遗余力地将其费用结构与其他机构的费用结构进行比较。Transferwise 始终强调在旅程和通信的每一个接触点上，客户通过使用其服务节省了多少钱。考虑如何在您的品牌中使用这些技巧。

---

① 现已改名为 Wise，是一家位于伦敦的金融技术公司。——译者注

现在您已经评估了该领域的不同品牌策略，请在图 5-7 中圈出最适合您品牌的策略。

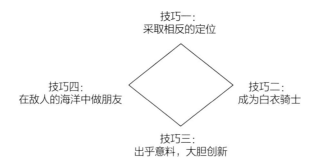

技巧一：
采取相反的定位

技巧四：
在敌人的海洋中做朋友

技巧二：
成为白衣骑士

技巧三：
出乎意料，大胆创新

图 5-7　实现品牌对立目标四技巧（2）

第 3 阶段：创造欲望

能够产生显著吸引力和可信度的品牌可以在目标受众中唤起欲望感。这与他们"必须拥有"该品牌的生理感觉有关，因为它满足了需求和欲望。这些品牌会使用三种关键技术，即我所说的"渴望效应三角"，如图 5-8 所示。

排他性

不得不拥有　　　　稀缺性

图 5-8　渴望效应三角

排他性

通过排他性创造欲望的品牌遵循的原则是，我们每个人都对自我价值有着与生俱来的需求。因此，品牌就是人们认为自己是什么或想要成为什么的镜像。这种排他性不仅使品牌具有奢侈感，还与卓越的品质及与之相匹配的、预料中的溢价密切相关，这就是"一分价钱一分货"的由来。

以这种方式发展您的品牌时，需要考虑两个关键要素：实际价值和感知价值。一方面，您可能希望您的品牌在从设计到服务的各个方面都达到最高质量标准，以便能够制定更高的价格。从设计师手袋到奢侈品牌香皂，其实很多品牌都依赖于客户在购买产品或服务时为他们提供奢华体验的能力。

做一个实验：走进一家高级商店或访问其网站，分析并在图 5-9 中写下使其体验比普通商店更独特的那些方面——品牌为客户提供的实际价值是什么。思考一下。

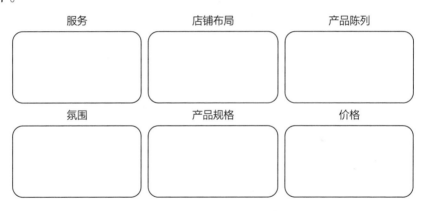

图 5-9　商店 / 网站独特性记录

另一方面，品牌的感知价值也很重要。感知价值不是人们看到什么，而是人们想到品牌时的感受。想象一下您在城市的中心城区非常有名望的地方拥有一所房子，比如伦敦的梅菲尔。除了财产规格和便利的周边环境等实际价值，对居住在那里的品牌感知价值而言，它实际上代表和反映了个人的身份和地位，这是一个非常重要的因素。同样，如果选择排他性的品牌推广方法，您需要考虑品牌的感知价值。为此，请考虑并写下图 5-10 中三个问题的答案。

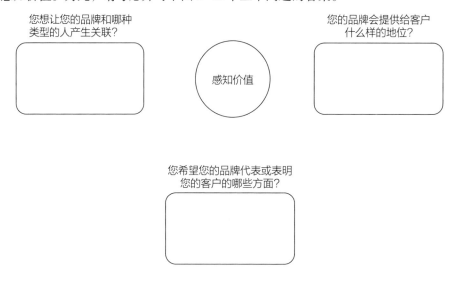

图 5-10　感知价值三大问题

稀缺性

基于稀缺性创造欲望的品牌，其原则是我们想要得到我们不能拥有的东西。稀缺性和排他性的作用通常有密切的联系。由于排他性的特性，并非每个人都能拥有您的品牌。然而，非常需要注意的是稀缺性也有相当广泛的适用性，这也是您要考虑的。关注稀缺性的品牌主要考虑如图 5-11 所示的三个核心方面。

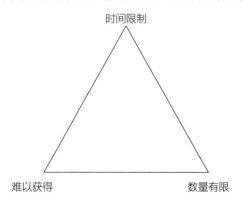

图 5-11　稀缺性三角

时间限制

毫无疑问，您听说过 FOMO[①] 这个词，在这种情况下，您只有一定的时间来购买或体验某个产品。这是市场上某些领先品牌背后的全部假定，如 Snapchat。Snapchat 是一个主要的社交媒体平台，人们可以在其中以有时限的方式分享精彩瞬间。又比如 Instagram Stories，信息只保存 24 小时。

此外，其他品牌如高朋[②]（Groupon）等优惠仅持续一天，甚至易贝（eBay）等公司也使用限时拍卖系统。

数量有限

与设置时限造成稀缺不同，数量有限性专注于有限数量的库存，"一旦卖完就不再有"。它适用于大众市场和奢侈品牌，从限量版巧克力（如 Terry's White Chocolate Orange）到新的限量版劳力士手表。客户渴望这些产品的原因是他们想要感到特别，因为他们知道只有在有货时才能购入，存货一旦售罄就无法购买。通常，这种稀缺形式会引发所谓的损失厌恶，这会促使人们避免因无法得到某物而遭受损失，而不是为了获得它所带来的收益。

难以获得

稀缺性的这一方面非常有趣，因为它利用了两种不同的心理状态。一方面是它的溢价，只有特定的细分市场才能负担得起，而这正是从汽车到手袋等大多数奢侈品牌所实现的方面。通过购买该品牌，客户立即表明了他们的地位，这使他们在某些方面感到优越。

另一方面，它也指这样一个事实，即从价格的角度来看，某些东西并非遥不可及，而是只对少数人开放，或者需要等待很长时间才能获得。设想一个私人会员俱乐部，很多人可能负担得起实际费用，但只有被推荐的人才能加入。

---

① FOMO 即 Fear of Missing Out 四个英文单词的首字母缩写，意为害怕错过，常指害怕错过社交媒体上发生的事情（如活动和八卦），从而产生焦虑和烦恼。——译者注
② 高朋是美国一家团购网站。——译者注

这两个概念在某些情况下也可以结合，这使得产品更加稀缺。爱马仕铂金系列（Hermes Berkin）手提包很好地证明了这一点。它的价格高达 17 万英镑，而且在您将其拿到手之前还要等待几个月的时间。

思考一下稀缺性是否是您品牌的重要方面以及如何让其成为您品牌的重要方面。在这里写下您的想法。

不得不拥有

现在我希望您已经明白，创造欲望不仅限于高端或奢侈品细分市场。事实上，品牌可以创造巨大的欲望，方式是通过向消费者提供不想错过、独特还具有巨大价值的产品。想想零售店打折背后的心理，它使人产生购买欲望，因为特价销售的产品体现的是不想错过的价值。当这一特性应用于品牌战略时，它会成为基于价值创造需求的强大工具。

从一镑店（Poundland）到 Primark[①] 等很多品牌都认可并执行了这一品牌理念，它们每天都会吸引大量的客户进入商店。"质优价廉"的品牌定位看似矛盾，却创造了吸引力，让消费者怀疑为什么他们还需要在其他地方购物，因为这些品牌才是精明人的选择。它体现了这样一种观念，即提到与我们相关的品牌，我们都希望被视为做出了"明智"选择的人。

在考虑这个品牌定位时，您需要考虑如何围绕价格点在两个看似对立的想法之间实现调和。图 5–12 中是一些实现这一目标的公司。圈出您认为可能适用于您品牌的内容。

---

① 一镑店与 Primark 都是英国常见的日用品超市，其商品价格非常亲民。——译者注

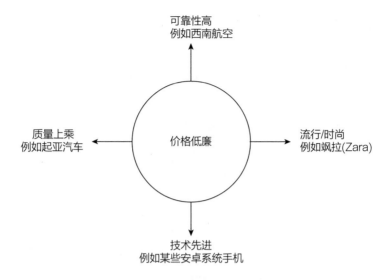

图 5-12　质优价廉公司示例

最后，考虑哪种技术最适合您的品牌并在图 5-13 中圈出。在三角模型中写出您的理由。

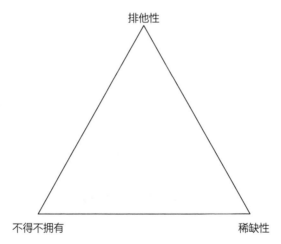

图 5-13　渴望效应三角

第4阶段：占据并延伸

那些做得特别好的品牌都是占据某个市场位置或在某个领域闻名。这并不是说一个品牌不能随着其发展而扩大领域。事实上，伟大的品牌正是这样做的，它们逐渐在更广阔的领域获得名气。以亚马逊为例，它最初是一家在线图书零售商，而今天它是世界上最大的电子商务零售商。

同样地，维珍集团（Virgin）最初是一家唱片公司，如今已扩展到从化妆品到赌场的多元化领域。为了达到它们现在的规模，这些品牌在不断的发展中，经历了相当大的演变，经历了我称之为"占据并延伸"的过程。它们致力于形成品牌领域优势，一旦实现占据某个领域，就会将自己的品牌扩展延伸到下一个领域。随着您品牌的发展，您可以使用图5-14中的两步模型来实现这一目标。

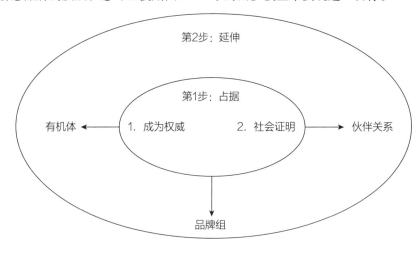

图 5-14　占据和延伸两步模型

第1步：占据

您的品牌要因某个特点而闻名，这一点非常重要。事实上，一开始，品牌只因一个特点而越来越出名，这种情况最好不过了。例如，TOMS 鞋业是一家以一对一商业模式（每卖一双鞋就捐赠一双鞋）而闻名的社会企业。Dollar Shave Club

是一家剃须刀公司，以其颠覆性的折扣订购而闻名。[①]这些公司已经设法将其存在的全部理由提炼成一条简单的信息，来填补其发现的市场空白。您需要为您的品牌做到这一点。

为了能够占据更大的市场空间，您需要在品牌中采用两种密切相关的关键技术：权威和社会证明。让我解释一下如何利用这些技术。

第一，找出您想要为人所知的单一信息，这一信息还要易于传递。我们已经谈到了这样一个事实，即这条单一信息越独特、越有吸引力、越针对特定客户的痛点就越好。

对此进行反思并将您的反思写在下面。

这个单一的信息必须是您所做的一切事情的首要和中心。为人们创造一个引人入胜的品牌故事，让人们了解品牌如何融入他们的生活，或者他们如何成为解决方案的一部分，这都是有利的。

例如，著名的冰激凌品牌班杰利（Ben and Jerrys）牢记创始人创办公司的初衷，并采取明确的道德立场。

第二，您在其他"权威"平台上被看到的次数越多，分享您的信息越多，效果越好。这是一种社会证明形式，如果人们从他们信任的人那里听说您的品牌，他们更有可能会立即信任您。有趣的是，这一点与网页推荐算法的工作方式相同，即当您的网页与称为"反向链接"的权威来源相关联时会增加您网页的在线声誉并提高您的搜索排名（稍后会详细介绍）。

许多品牌能够因为他们的使命获得宣传和最初的吸引力。例如，营销学院肩

① Dollar Shave Club 成立于 2012 年，其订购用户每个月花 1 美元即可按时收到寄来的新刀片。后于 2016 年被联合利华收购。——译者注

负帮助年轻人就业的社会使命，所以经常出现在《营销周刊》上。最后要补充的一点是有时特定人群对您品牌的认可或推荐可能比媒体更强大，这是由于他们拥有大量的追随者和良好的信誉。

考虑您想让哪种类型的媒体或有影响力的人来谈论您的品牌，以及您希望他们说什么，在图 5-15 中记录您的思考。

针对目标人群的潜在媒体渠道/有影响力的人　　　　　关键信息

图 5-15　利用影响者推广品牌的设想

第三，利用证明点、评级、评论或客户推荐作为您品牌的社会证明来强化品牌效应。您的品牌能通过这种方式让业绩得到强化，让其他人明白他们错过了什么。例如，在线投资管理公司 Nutmeg 通过将其业绩结果与同行进行比较来实现这一点，如图 5-16 中的例子所示。

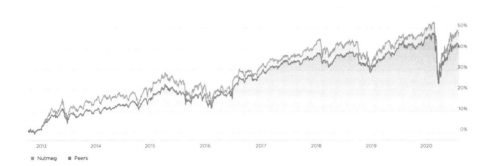

图 5-16　Nutmeg 公司与同行的数据比较

另外，亚马逊随着品牌发展取得了持续的成功，它的评论和排名系统已成为重要的社会证明。亚马逊使用此功能来展示其他人购买了什么以及其他人如何评价该产品。

思考并写下您的品牌如何获得此类社会证明点。

第2步：延伸

一旦您的品牌在某个领域获得了足够重要的品牌资产，它就拥有扩展延伸到其他领域或垂直领域的"许可"。这里有三种方式让您的品牌实现这一目标，这三种方式并不相互排斥，如图5-17所示。

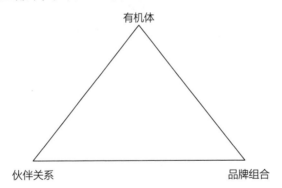

图 5-17　品牌延伸的三种方式

有机体

有机体指的是一个品牌在一个领域建立资产后将其应用于另一个领域。通常，这种品牌延伸方法采取循序渐进的方式，使其能够利用现有优势扩展到新的领域。

有机品牌延伸应始终遵循图 5-18 中所示的三种方法。

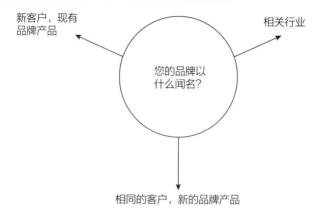

图 5-18　有机品牌延伸的三种方法

- **相关行业**：您的品牌可以延伸到一个平行行业，如高露洁品牌从牙膏延伸
  到一系列的口腔卫生产品。
- **新客户，现有品牌产品**：您的品牌可以扩展到新的市场，如美国运通 [①] 从高
  端品牌转变为产品分层的中高端品牌。
- **相同的客户，新的品牌产品**：您为相同的客户提供新的品牌类别或产品。
  例如，Dollar Shave Club 为目标客户提供了全系列的美容产品。

圈出以上可能适用于您品牌的选项，并在此处写下您的理由。

品牌组合

扩展品牌的另一种方式是通过组合创建一系列品牌，称为"品牌家族"。您

---

① 美国运通公司是国际上最大的旅游服务及综合性财务、金融投资及信息处理环球公司。——译者注

可以创建一系列不同的品牌，这些品牌汇集在一个主要的母品牌下，每个品牌又都针对市场传递独特性。这种方式为市场提供了多元化的产品，而且在一个品牌面临声誉问题的情况下也可以保护其他品牌。一些公司利用这一点在某个类别中实现多元化。例如联合利华，其所有品牌都属于快速消费品。还有一些其他品牌实现完全跨领域的多样化，如塔塔集团（TATA）或信实工业（Reliance），它们实现了从汽车到电信的类别跨越。

在考虑品牌组合时，您可以使用多种工具来评估现有组合，如波士顿咨询矩阵或通用－麦肯锡九盒矩阵，这些模板可通过谷歌获得。然而，在考虑如何添加您的品牌组合时，您需要考虑图 5-19 中的四个问题。

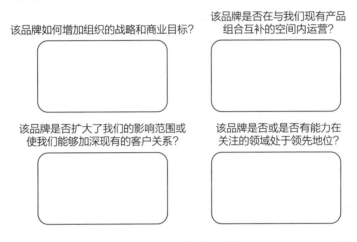

图 5-19 品牌组合添加四大问题

伙伴关系

延伸品牌的最后一种方式是建立伙伴关系和协作。这使您的品牌能够利用另一个品牌，反之亦然。通过与其他品牌合作可以产生协同效应，品牌资产验证器能帮您了解是哪一种协同效应。还值得注意的是，合作伙伴关系也可以是与有助于进一步提升品牌认知度的个人合作。例如，苏格兰啤酒公司酿酒狗（BrewDog）。在喜剧演员瑞奇·热维斯（Ricky Gervais）发送了关于该品牌的幽默推文之后，该公司与他建立了合作伙伴关系，以帮助流浪狗。

您可以考虑两种类型的品牌合作伙伴关系：

- **同类品牌合作伙伴关系**：公司与直接竞争对手合作以实现更大规模和协同效应。一个经常用来描述这种性质的伙伴关系的术语是"友敌"。它们可以在某些领域合作以实现互惠互利，同时也可以在它们仍然是竞争对手的其他领域保持战略距离。

一个很好的例子是 Slack[1] 和亚马逊的战略品牌合作，因为它们要与同一个关键的对手产品微软 Teams 竞争。这是一个真正的双赢，因为亚马逊可以使用领先的通信工具，而 Slack 能够通过亚马逊网络服务（AWS）使用最新的云技术。它们成为意料之中的合作伙伴。

- **品类或渠道品牌合作伙伴关系**：这是指不同公司相互合作以获取特定渠道的访问权限或更接近价值链[2] 的某些部分。

哈根达斯是优质冰激凌类别的优秀领导者，它明白了为了赢得客户的心意，抓住客户的胃口，它需要在他们生命中的重要时刻出现。为了提高哈根达斯在家庭中的渗透率，它与秘密影院[3]（Secret Cinema）合作，为客户带来了一种名为"秘密沙发"（Secret Sofa）的新概念。它还与总部位于伦敦的杜松子酒公司希普史密斯（Sipsmith）和杰克·丹尼（Jack Daniels）合作，为冰激凌提供完美的酒精搭配。

反思并写下这些合作伙伴关系模型是否适用于您的品牌。

最后，在建立合作伙伴关系时，请采取图 5-20 中所示的步骤。

---

① Slack 是世界上最受欢迎的工作平台和团队消息传递应用程序之一，类似字节跳动的飞书。——译者注

② 价值链是指从原材料开始，到把产品交付给消费者所涉及的各个环节。——译者注

③ 秘密影院始于 2007 年，是伦敦兴起的一种全新的观影模式，观众事先不知道看什么影片，购买影票后会收到几条语意含糊的电子邮件，获知集合时间、地点以及着装要求，到"影院"后参演各种电影场景。神秘、刺激的体验大受观众欢迎。——译者注

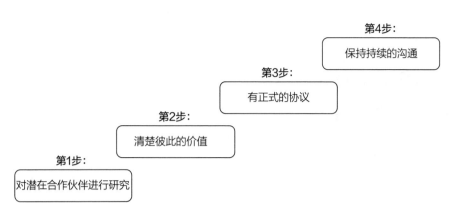

第4步：
保持持续的沟通

第3步：
有正式的协议

第2步：
清楚彼此的价值

第1步：
对潜在合作伙伴进行研究

图 5-20　建立合作伙伴关系的四个步骤

第6章

通过内容营销
建立品牌社群

在本章中，我将向您介绍您的品牌可以通过哪些步骤来建立社群[①]并利用内容营销最大限度地发挥其潜力。

为了说明清楚，我创建了一个名为"双循环社群飞轮"的模型。这个模型是您建立品牌社群的宝贵工具。该模型中"飞轮"这个词表明随着飞轮的转动，模型的流程会变得更加容易，更加自动化；但请注意，启动飞轮通常困难大、耗时久，大多数品牌都会在开始阶段就放弃。

一个品牌得以形成的最重要的关系是它与消费者的关系。有一句简单的名言值得注意，那就是"谁最接近终端消费者，谁就赢得最多"，因为他们最了解客户的需求，并能够以最快、最有效的方式直接为客户服务。例如，飒拉作为主要的时尚零售商，这种能力一直是其成功的关键，因为它几乎可以立即通过客户了解趋势，然后在10～15天内建立新的产品生产线并将产品上架。也正是这个原因，使"直接面向消费者"品牌（或称为D2C品牌）实现了指数级增长。

D2C品牌在无须任何中间商的情况下，能与客户直接建立更深入、更有意义的关系。因此，许多成功和颠覆性品牌的核心能力是与消费者建立直接关系也就

---

① 社群或品牌社群也被译作社区或品牌社区。——译者注

不足为奇了。拥有强大的追随者并建立社群非常关键，因为此时品牌与消费者之间的心理关系已经发生了根本性的转变。以前，品牌向消费者强行推销产品，但今天情况已大为改观。相反，消费者希望品牌赢得他们的信任，他们希望在做出购买决定之前感受到自己是品牌的一部分。有趣的是，这方面也发生了重大转变，消费者现在更有可能相信陌生人的推荐而不是品牌的广告。例如，他们可能更相信猫途鹰 ①（Tripadvisor）上的评论而不是酒店的手册。他们也可能更愿意听从妈妈网 ②（Mumsnet）上一位素未谋面的母亲的建议，而不愿相信婴儿护理品牌的宣传语。他们会更加关注亚马逊上的产品评分，而不是制造商对产品的评价。这使我们面向消费者的营销方式变得多样化，但首先我们要建立一个强大的社群。

　　品牌能够使用数字渠道（主要是社交媒体）参与这种双向持续的对话，以赢得可信赖的支持者，让他们成为社群的拥护者、宣传大使，最后成为客户。这些支持者还是现代口碑营销的一种形式，让您能够通过这种社会宣传以具有成本效益的方式接触新的受众。

　　图 6-1 是双循环飞轮模型。

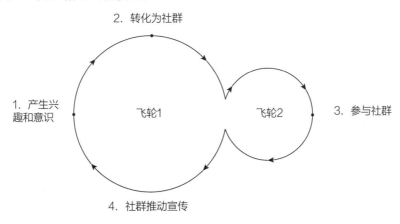

图 6-1　双循环飞轮模型

　　双循环飞轮模型的工作机制是，引导受众走完主要流程，让他们成为社群的

---

① 猫途鹰是全球领先的旅游网站，主要提供来自全球旅行者的点评和建议，也提供各种订票服务。——译者注
② 妈妈网是英国最受欢迎的育儿经验分享网站。——译者注

一部分，使他们成为品牌拥护者，并帮助将品牌推广到他们的社交圈。在这个模型中有四个步骤、两个循环。

第1步：产生兴趣和意识

一开始，您需要制定内容和参与策略，以期在社交媒体上吸引广泛的受众。这样做的唯一目的是让您的受众了解品牌概况，关注并订阅您的品牌页面，因为您的品牌和页面发布的内容让他们产生兴趣、感到有趣甚至为之着迷。

第2步：转化为社群

下一步是让您的受众同意参与更深层次的关系。在这种关系中您了解他们是谁，因为他们愿意分享他们的数据，同时您也会分享其他有价值的内容给他们，双方都有收益。这使您可以将很多社交媒体渠道中的交流变成您"专属"渠道的对话。

第3步：参与社群

接下来您将进入第二轮循环，您可以培养与客户的关系并通过多种渠道使他们感受到自己是社群的一部分。

第4步：社群推动宣传

在这个阶段，您的社群开始为您代言，成为您的拥护者和宣传大使，吸引新的追随者与您的品牌互动，并鼓励他们关注您的内容。此时循环再次开始。

现在让我们仔细看看在每个阶段，您要如何利用这个飞轮模型为您的品牌培育和发展社群。

第1步：产生兴趣和意识

滚动浏览您的社交媒体上的推送，您会看到各种内容。这些内容由不同的个人和公司制作，通过获得人们的点赞、分享和评论提升品牌的知名度和参与度。

您也可以用类似的方法创建某种内容和参与方式，引起受众最大的兴趣，让他们想要参与您的品牌，了解更多的品牌信息，最终让他们成为您社群的一部分。为了实现这一点，图6-2中有一些简单的步骤供您参考。

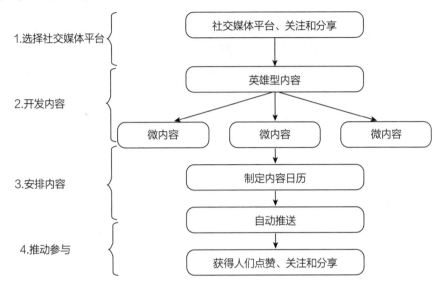

图 6-2　引起受众兴趣的步骤

您需要做的第一件事是仔细选择社交媒体平台。它们可以帮助您培育您的社群，我建议仔细研究这一点。在选择社交媒体平台的时候要考虑品牌吸引的受众类型、人口统计数据和其他特征。您还需要考虑哪些平台可以让您更自然地接触到您的受众，这也值得研究。例如，在撰写本书的这一段时间，领英（LinkedIn）和 TikTok[①] 等主要社交媒体平台获得了最佳自然接触率[②]。一旦您在一个平台上获得了巨大的吸引力，就真的没有回头路了，因为换个平台的话，您将不得不从头开始。

您要做的第二件事是设计吸引受众的内容类型。图6-3中是吸引受众的不同

① TikTok 是抖音的海外版。——译者注

② 自然接触率是指在不推广的情况下，人们自然接触到品牌的概率。——译者注

类型内容格式的列表。正如您所看到的，您有很多选择，但最好使用多种不同类型的内容格式。因为只有这样，当人们在推送里看到您的品牌概况时，才不会对内容产生疲劳。一旦人们下意识地习惯了您使用的内容类型和格式，那么他们就会完全忽略，直接划走。

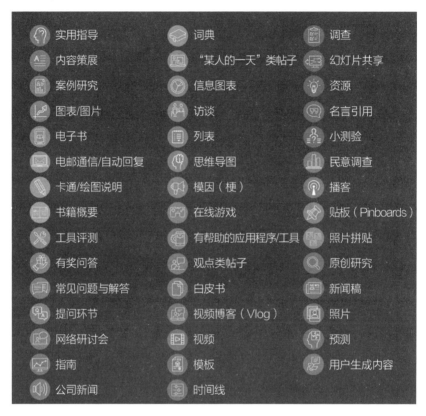

图 6-3　内容格式

　　在创建内容时，有一个好方法是创建一系列"英雄型内容"[①]。这些内容很长，对受众来说就像标题一样亮眼醒目。营销学院每周一次的虚拟节目"我们要去的地方"就是一个很好的例子。该节目每周都会采访一位不同的知名嘉宾。考虑到

────────────

① 英雄型内容是指大型战役、亮点内容、大事件，其目的是使品牌产生辨识度，一提到该内容就想到某品牌。——译者注

Clubhouse[①] 等新兴平台，这种类型的内容越来越倾向于转向实时、会话的形式。

他们每周从这些英雄型内容中创建一系列不同格式的微内容[②]，这些微内容会在一个星期内持续发布，以保持较高的参与度。此外，您需要思考将两者联系在一起的各种方法，这可能会很有帮助。例如，每位嘉宾都会向在接下来的一周内被宣布为微内容创作者的人赠送一次指导课程。

确定内容类型后，您应该使用内容日历来确定内容的顺序，并使用诸如 Hootsuite 之类的自动化工具对其发布时间进行安排。关键是不要过度推送内容，因为当您的市场过度饱和并导致效率降低时，就会出现收益递减的情况。表6-1 是您可以使用的模板。

表6-1　内容日历

时间	周一	周二	周三	周四	周五	周六	周日
09：00							
10：00							
11：00							
12：00							
13：00							
14：00							
15：00							
16：00							
17：00							
18：00							
19：00							
20：00							
21：00							
22：00							
23：00							
00：00							
01：00							
02：00							
03：00							
04：00							
05：00							
06：00							
07：00							
08：00							

---

① Clubhouse 是一款美国的音频社交软件，每个人都可以在上面开设房间进行语音直播，也可以与听众互动。——译者注

② 微内容是指针对某一概念用简短的文字、图片、音频、视频进行说明的内容。——译者注

最后，也是大多数人都会忘记的一点，您需要和参与内容创建的人进行双向对话来不断推动参与。以下是一些值得考虑的技巧：

- 回复每条消息或评论。
- 感谢分享您内容的每个人。
- 将相关人员复制或标记到您认为他们会喜欢的内容中。
- 在您的内容中使用主题标签，使其变得可搜索。
- 与其他品牌建立内容合作关系，这样你们都可以从扩大的人群覆盖范围中受益。

第2步：转化为社群

在这一步中，您的品牌需要获得与您互动的人的许可，才能将对话从社交媒体上转移到一系列其他渠道上。这非常重要，原因有二。第一，其他渠道可以让您与消费者建立更深入、更丰富的关系，而不是与他们只有一次性接触。第二，社交媒体平台存在一个切实的风险，即它们要么消失，要么改变算法，这时您将无法再接触到您的受众。最近，这些风险已经发生。例如，TikTok 在某些国家被禁用，以及脸书调整了算法以减少自然接触率。

为了实现这种更深层次的关系，人们必须愿意分享他们的信息，并愿意直接从您的品牌中接收信息。这里有明确的价值交换，即如果您的品牌为他们提供了重要的价值，他们将愿意向您提供他们的详细信息和许可。这种吸引力在营销术语中就是所谓的"诱饵"（lead magnet）。

诱饵越具体，就会越成功。例如，营销学院有两种不同类型的诱饵。第一种是提供免费的白皮书或操作指南，用户提供姓名和电子邮件地址等基本信息即可下载。第二种与内容展示有关。如果用户想注册观看直播节目，他们必须提供详细信息并同意接收推送即将推出的节目。图 6-4 是一个示例。

这两种方法让人们开始与品牌建立更深层次的联系，并将他们自己视为领域专家。有趣的是，通过这个过程，这些人也更有可能点赞、评论和分享品牌在社交媒体上发布的内容，因为他们觉得自己更像是其中的一分子。这里的关键是要非常清晰地展示价值交换，并诚实坦率地告知人们他们在注册时会得到什么。

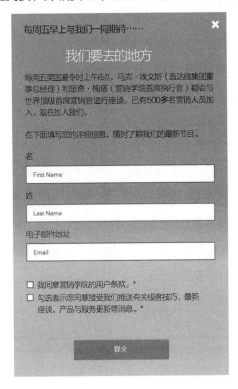

图6-4 "我们要去的地方"信息收集页面

一旦您转化了这些人，让他们为您提供更多信息，您就进入了第二个飞轮，之后必须不断地与他们接触。让我们继续看看如何做到这一点。

第3步：参与社群

在这个阶段，您需要培育社群，并通过各种方法和渠道不断为他们提供价值。重要的是，由于他们已将详细信息委托给您，他们希望您了解他们，因此与他们的互动越个性化，效果就越好。

需要注意的是，这些互动应该为客户增加价值，而不是试图向他们推销产品。您需要努力培育这种关系，在这个阶段，他们肯定了解了您更多的商业产品，并且在他们有相应需求的时候会考虑您的品牌。

现在，当您选择采用哪种方法参与社群时，您需要考虑参与社群的三个不同维度。第一个是您的用户群体可以通过哪些渠道联系到您，如网站或应用程序。随时可以联系到社群会让他们感到可以随时与您的品牌展开对话。第二个是始终保持通信——进行标准化的通信，按设定的时间间隔向所有客户发送消息。标准化通信可以针对不同的群体进行个性化设置，这一点我们将在后面讨论。第三个是触发式参与。根据您拥有的社区成员的信息（例如生日或其他特殊场合）进行个性化服务。这让他们觉得您重视他们，并进一步巩固这种关系。

在这三个维度下，您为您的品牌进行互动想到的渠道和类型有哪些，请在图6-5 的模板中填写——我在右侧提供了一些例子供您参考。完成此操作后，请使用上述内容日历模板来安排您的内容。

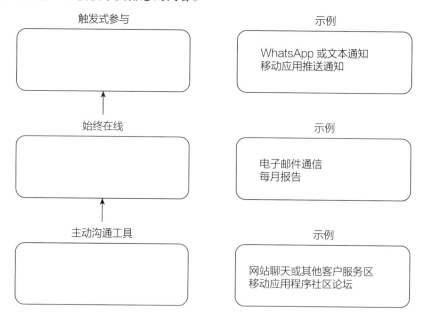

图6-5　交互类型

除了上面介绍的内容，还有一个非常重要的方面是让社群成员相互了解，这会在不经意间让他们与您的品牌建立更深的联系，还可以利用其他人建立的关系网。营销聚会（The Marketing Meet-up）就是一个很好的例子。它将人们以现实或虚拟的方式聚集在一起，从而创建强大的社群。请您思考如何使用圆桌讨论、指导会议、社交活动、商讨会议甚至一对一会议等机制，将社区凝聚在一起。

第4步：社群推动宣传

参与社群互动的自然结果就是他们会成为您品牌的拥护者，因为他们会认为自己是您品牌的一分子并希望与之建立联系。如前一章所讨论的，一个有趣但重要的点是，您的追随者会为推广您的品牌而自豪，这样做并不一定是无私的，而是为了使他自己感受到与品牌的联系。培养和鼓励他们做宣传非常重要，这样当他们宣传您的品牌时，他们会感觉更有价值。

事实上，创造他们可以参与推广您的品牌的时刻很关键。例如，营销学院通常会标记他们最忠实的粉丝，询问他们的观点，为他们创建竞赛、抽奖或测验。

人们常常错误地认为，追随者一旦转变为拥护者，无论他们对您的重视程度如何，都会自发地推广您的品牌。确实，在少数情况下这可能会发生，但还不足以对您的品牌价值产生重大而持久的影响。相反，您的品牌需要创造一些机会来引发积极的反应，如完成特定发布任务就提供奖励。

认可您的拥护者并赋予他们更高的社会重要性非常关键。

思考双赢的方法：当他们选择通过社交媒体扩大影响帮助您的品牌时，您的品牌可以做些什么来提高他们在群体中的地位？这是一个称为3R[①]的模型（见图6-6），请您思考如何用这个模型促进粉丝宣传。圈出您认为最适合您的品牌的选项。

---

① 3R 即 Recognition（认可）、Reward（奖励）、Referral（转介）三个英文单词首字母。——译者注

认可	奖励	转介
在社交媒体上谈论他们 给他们更高的地位让他们感到特别	提供奖品或奖励 获得金钱买不到的机会 高档产品的折扣	接触其他知名人士 将他们推荐给人们/品牌以获得其他折扣 将他们与其他成员联系起来

图 6-6　3R 模型

3

如何扩大营销规模

第7章

创意、讲故事与
选择合适的媒体

在本章中，我们将首先探讨如何将创意嵌入营销活动中，然后仔细研究如何引入一个强大的创意工具——讲故事，以产生更大的影响。

我需要您帮我一个忙。我希望您闭上眼睛，想想哪个广告能真正引起您的共鸣。我敢肯定，您几乎不加思索就能想到"那个广告"。现在，如果我让您想出最能引起您共鸣的三个广告，您可能需要努力思考，但我相信您最终会想到的。现在，如果我问您最喜欢的十个广告，您可能会觉得很困难，最后放弃。也就是说，在我们的一生中，尽管我们每天都会接触到成千上万的广告，但大多数广告完全被忽略，真正能被记住的少之又少。

事实上，大多数广告从您身边悄无声息地擦肩而过，是因为它们不与您交流——它们没有让您感受到任何情绪，也没有告诉您一个难忘的故事。让您印象最深的三个广告，它们一定有一个共同点——都具有创造性。它们都告诉了您一些有意义的事情，教会了您一些东西，让您有某种感觉。正是因为这些，多年来它们一直留在您的脑海中。这就是创意广告的长尾效应。

与容易被遗忘的普通广告相比，创意广告被潜意识吸收，被长时间记忆。

根据尼尔森的一项研究，创造力的长尾效应正是营销的核心，也是营销效果的主要驱动力，在广告产生效果的原因中占比接近50%。因此，彼得·菲尔德（Peter

Field）和莱斯·比奈（Les Binet）的调研分析结果也在意料之中，即赢得最具创意奖项的广告活动对商业结果影响最大。一系列其他研究也表明创造力和财务绩效以及市场份额增加之间存在密切联系。维他麦／亨氏（Weetabix/Heinz）公关早餐推特活动就是一个有力的证明。该活动迅速传播开来，使维他麦的销售额立即增长了 15%。

我们认为，市场营销中的创意案例相当简单，如图 7-1 所示。

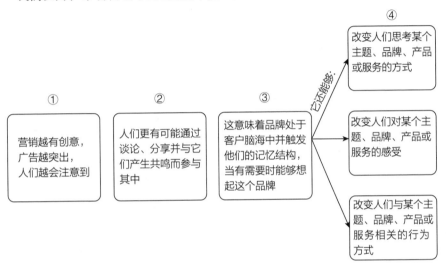

图 7-1　对创意案例的普遍看法

然而，尽管创意被反复证明有效，但它目前似乎处于危机模式。由于高管们寻求快速的投资回报，重心逐渐倾向于更多的短期"直销"活动。根据比奈和菲尔德的说法，这导致营销效果和品牌差异化显著下降，而且总的来说，这会影响品牌的长期收入潜力（我们将在第 16 章详细了解这一点）。因此，当前的市场状况为您创造了一个巨大的机会，让您可以凭借创造力获胜。这会对您的营销产生变革性影响。

现实情况是，要成为卓越的营销人员，进行卓越的营销，您需要将创造力置于核心地位。然而，关键是创造力不仅限于交流。事实上，最具创意的营销是通过使用所有营销杠杆或组合（产品、价格、地点和促销）完成的，或者是通过创造性设计和有针对性的媒体计划来实现的，以便为客户提供价值。

其中一个著名的例子是汉堡王的"为皇堡绕路活动"。当客户进入其主要竞争对手麦当劳 600 米以内的范围时，就能通过汉堡王应用程序以 1 美分的价格获得一个皇堡。这是一个冒险的举动，甚至会将客户直接投入其主要竞争对手的怀抱。然而，随着该活动的迅速传播，汉堡王得到了回报——知名度得到了提升，并为它带来了额外的 150 万次应用程序下载。

实现创意营销活动的投入

创造力是一个相当模糊的概念，因为不同的人对它的理解不一样。它是诸如新颖、突出、创新的同义词。然而，也许对您来说更有用的是了解各种投入，打通整个营销组合，构造一个创造性的解决方案。

图 7-2 是五种关键又相互关联的投入，共同构成营销中的创造力，您需要将其纳入您的营销活动中。

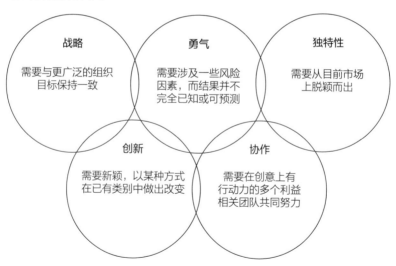

图 7-2　营销创造力的五种投入

让我通过下面的案例研究来介绍上述各个方面。

英国商业街最大的面包店 Greggs 在确定素食主义这个重要趋势后（从 2016 年到 2019 年素食者人数翻了两番），开展了一项极具创意的营销活动。它希望吸引素食者成为新客户，并逐步提高对现有客户的销售额。

当时，它有一系列著名的产品线，其中最出名最畅销的是经典的香肠卷。Greggs 决定对香肠卷进行创新，并创造了一种名为"新香肠卷"的纯素替代品（对纯素产品而言，这是一个相当大胆的名称）。通过调整，Greggs 同时提供香肠卷和新香肠卷，让老客户们选择尝试。它还创造了很多亮点吸引新客户，让他们想要去"看看有什么了不起的"。

为了在这两种产品之间建立更紧密的联系，它甚至创造了一个同等的价格点来匹配。它推出了一项独特的营销活动，模仿苹果手机的包装，将样品发送给包括皮尔斯·摩根（Piers Morgan）在内的一些有影响力的关键人物，这在社交媒体上引起了轰动。有趣的是，它不仅通过公司的 2000 多家便利店进行分销，还与 Deliveroo 应用程序形成了产品送货上门的合作，进一步扩大了市场。

这一创意活动使其能够基于现有品牌、分销渠道、产品线和定价方法，为客户增加价值并击败竞争对手。锦上添花的是，它的收入增长了 11%，市值增加了约 7 亿英镑。

通过此示例，您可以看到 Greggs 如何利用其拥有的全部营销手段以非常有创意的方式为客户和公司创造真正的价值。

这里有一些要点可以纳入您自己的营销活动中。

战略

与 Greggs 一样，将营销活动与更广泛的战略目标联系起来至关重要。因为无论您的营销活动多么有创意，如果它不能为您的业务实现战略目标，那一切都是徒然。

为实现这一目标，您需要制定清晰的战略创意简报，阐明与创意沟通一致的目标。表 7-1 是您可以使用的模板。

表 7-1　战略创意营销简报

1.目标 它必须清楚地说明组织希望从营销活动中实现的主要业务目标。鉴于创意活动的性质，一份创意营销简报必须要有长期目标，同时还能反映这个长期目标	**4.简单（和单一）信息** 优秀的简报不会传递太多信息，而是可以将其缩小为可传达的单一"消费者信息"
2.目标受众和趋势 对目标受众和您在市场中看到的任何相关趋势的清晰描述。我们已经在第1章讨论过如何开发客户画像，在这里重复类似的操作可能会很有用	**5.创意组件/表达** 您可以保留有关创意方向的所有初步想法以及品牌基调、指导方针、表达方式和其他重要元素
3.战略 创造力需要方向，因此必须制定明确的战略。这个方向必须是组织希望在短期和长期内实现的目标。它使创意输出有一定的指向性	**6.客户反应：思考、感受和行动** 您可以使用思考、感受和行动框架，阐明您希望终端客户在营销活动后会采取哪些不同的行动

勇气

营销本质上就是要承担已知的风险。您需要能够通过洞察力和远见预测哪里有市场，然后能够冒险向前，拥抱未知。从人群中脱颖而出需要勇气——它需要您敢于为与众不同、不落俗套、充满争议的事情挺身而出，就像 Greggs 那样。事实上，艾菲奖 [①] 表明，有效营销（与非有效营销）的最大区别就是这一特征。所以非常明确的一点是要勇敢向前。

---

① 艾菲奖被誉为全球象征的营销成就，同时也是指导营销趋势的重要资源。——译者注

独特性

您需要提供独一无二的产品，嵌入并利用现有的品牌风格、基调、设计和口碑。这正是 Greggs 采用的策略，它利用现有的品牌，用一些线索联系到了它著名的香肠卷系列。这会在您的客户心中立刻产生熟悉感和好奇感。它还使客户立刻在心理上确定您的产品和品牌在生活中的哪些地方适合他们，这对于提高整体品牌回忆和长期购买至关重要。有证据表明，在实现这一目标后，强势品牌实际上比弱势品牌平均高出 13% 的价格和 31% 的营业利润，证明了在营销活动中利用品牌优势的价值。

创新

毫无疑问，您需要通过创新来真正扩展产品的价值。通常，您可能会关注产品创新，但实际上最好的营销活动是在营销组合中实现创新。

在 Greggs 的案例中，它认识到商业街衰落的本质，并通过 Deliveroo 在整个分销网络中进行创新。出乎意料的是，这个创新还让它逆势而上，开设了更多实体店。这个案例说明尝试新事物时结果是不可预测的。这是一个有力的经验，重申了勇气的必要性。

请写下您计划如何将这些元素融入您的营销活动中。

现在我们已经揭示了一些您需要融入营销活动的关键要素，让我们思考一下如何营造使创造力蓬勃发展的环境，以便您可以在您的组织中复制这种创造力。这从根本上可以归结为如图 7-3 所示的三个关键要素，您必须尝试将它们凝聚在一起。

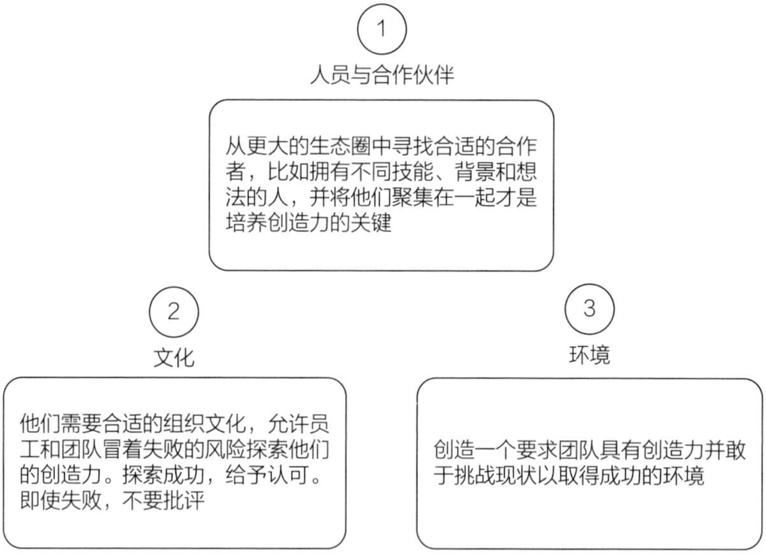

図 7-3　创造力环境三大关键要素

人员与合作伙伴

吉姆·柯林斯（Jim Collins）在他的《从优秀到卓越》一书中谈到了（营销）领导者的角色就像公交车司机一样。公交车是您的公司或部门，您有责任驾驶它。他说："所以要确保让合适的人上车，坐在合适的位置上，让不合适的人下车。"

培养创造力也是同样的方法。您需要拥有不同技能、背景和观点的各种伙伴，他们齐心协力激发新想法。克莱夫·伍德沃德爵士（Sir Clive Woodward）说，想法可以来自任何人，"可能是领导者、毕业生、一个完全不同部门的人、刚进入社会的人、厌倦了被拉扯上衣的人。"[①] 您要帮助您的团队看到不同的观点，使他们能够自由地思考另一种未来，重要的是能够自由地采取行动。

您还必须有外部视角，同时用内部视角将它们结合起来，使创造力提升到一个新的水平。费尔南多·马查多（Fernando Machado）说："我们想到的绝大多数

---

① 这里应指足球、橄榄球类运动员，他们在比赛中会被对手拉扯上衣。拉扯上衣的行为常常较难被判犯规，但会影响运动员在场上的发挥。——译者注

想法都不是我们的。我们肯定会合作，但我们最好的想法都来自与创意合作伙伴的牢固关系。您需要富有创意且雄心勃勃的合作伙伴。"

请写下您在提出新想法时将召集的（内部和外部）关键人员。

文化

文化是创造力的基石，会使您的团队勇敢大胆、雄心勃勃。如果您的组织文化不接受冒险，员工害怕失败，那么很有可能就不会出现有创意的产品。此外，如果组织任由"委员会统治"，那么平均法则很可能会发挥作用，您得到的只能是平庸的结果。

在更偏向功能的层面上，最具创造性解决方案的组织文化鼓励小团队与自主决策，鼓励量化风险，成功就接受奖励，失败也不必在意。

Spotify 是一个很好的例子，它将自己分成名为"小队"的小型自治单元。每个小队由不超过八人的团队组成，他们负责产品的一个独立方面，实现这一方面的全过程。许多小队聚集在一起，形成一个"部落"，"部落"又通过"分会"联结在一起。他们接受新闻创意并执行，并每隔几周对失败和成功的案例进行一次例行分析。他们实行一种试验友好的文化，强调从测试中学习[①]的方法。Spotify 相信"松散耦合、紧密一致的小队"。"一致使自主性成为可能 —— 一致性越高，您可以授予的自主权越大。"

目前您的组织中有哪些鼓励或阻碍创造力的文化特征？您要如何改变使文化更有利于创造？请思考并在图 7-4 中记录下来。

---

① 指对一群客户采取某项行动，同时对另一群客户采取另一项行动（常用的另一种做法是不采取任何行动），然后比较两者的结果。采取行动的一组称为测试组，作为对比的一组称为控制组。——译者注

鼓励创造力的文化方面	阻碍创造力的文化方面

图 7-4　您组织中的文化特征记录

环境

最后一个需要考虑的是环境——为了让创造力闪耀而创造的环境。斯蒂芬·约翰逊（Stephen Johnson）在他的著作《好点子从哪里来》中指出，在创意生成方面，大型研讨会或创意会议并不能很好地为我们服务。相反，当您受到各种各样的人、环境和网络的刺激时，您可能会在几天、几周或几个月内变得更有创造力和创新性。有趣的是，他暗示互联网可以让您实现更大的连接性，这实际上可以带来一种全新的创意产生方式。因此，一定要充分利用互联网。

有关环境的一个关键要点是，您还需要摆脱自己的束缚才能发挥创造力。例如，英国杰出社会企业家亚历克斯·斯蒂芬尼（Alex Stephany）在与当地火车站的流浪汉交谈后创建了 Beam[①]。他反思说："每天我都会停下来和他聊天，我很快就发现他想接受再教育，但觉得没有人愿意帮助他。"Beam 通过技术支持实现众筹，让这个流浪汉有钱上大学。亚历克斯每天花几分钟的时间走出自己的现实领域，这让他独具慧眼，创办了一家一流的社会企业。

图 7-5 中是一些提示和技巧，您可以使用这些提示和技巧来创建合适的环境以激发团队的创造力。

---

① Beam 是一家关注无家可归者的社会企业。——译者注

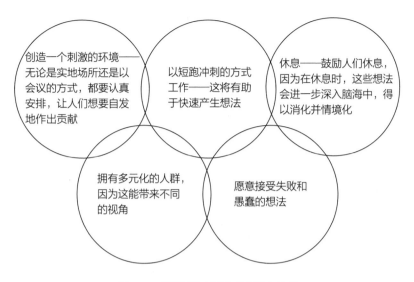

图 7-5　激发团队创造力的提示和技巧

请写下您如何调整自己的环境，以便使其更有利于产生新的创意。

现在让我们继续探索如何使用创意故事的艺术来实现有影响力的营销。

创意故事

尽管在营销中使用创意故事可以追溯到数百甚至数千年前，但现在它在营销中的显著地位已经迎来了第二春。研究表明，品牌可以通过将创意故事整合到他们的营销中来将其产品或服务的价值提高多达 20 倍。例如，在一项名为物品重要性的研究（Significant Object Study）中，罗布·沃克（Rob Walker）和约叔亚·格林（Joshua Glenn）在易贝上以 250 美元的价格购买了 200 件商品，并让作家就每件商品创作一个故事。

　　然后，他们附上故事，在易贝上以超过 8000 美元的价格将它们卖出。其中一个显著的例子是打蛋器，他们以 0.25 美元的价格购入却以 30 美元的价格卖出。这证明赛斯·戈丁说的是对的，"营销不再是您制作的东西，而是您讲的故事"。

　　问题是您如何在营销活动中使用这种技巧？

　　首先要考虑的是一些让故事栩栩如生的推动因素。这里有五个因素需要考虑，如图 7-6 所示。

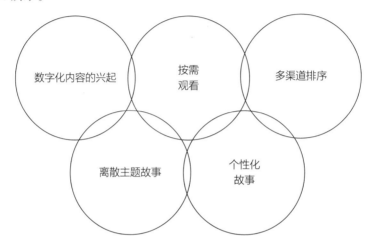

图 7-6　推动故事的五个因素

数字化内容的兴起

　　您不再被 30 秒的电视广告限制。您现在可以拥有更丰富的叙事，包括故事大纲、人物、情节和高潮。3 分钟时长，更像迷你剧而不是广告，这当然并不少见。因此，请考虑如何以这种方式利用数字化内容。

　　惠普是一个很好的例子。它没有做常见的电视广告，而是聘请好莱坞演员克里斯蒂安·斯莱特（Christian Slater）出演一部名为《狼》的迷你网络剧。该节目讲述了数据在面对黑客时的脆弱性，以紧张的气氛、戏剧性的情节和饱满的情感来吸引观众——这些是许多大片中使用的元素。

按需观看

创建故事时，您可以在任意时间通过线上（例如在您的 YouTube 频道上）投放多集或分期连载故事。这能让人们立即点击下一期的内容，也能让故事保持长期的点击率，从而获得长效收益。

多渠道排序

您可以使用的另一种技巧是多渠道排序，其中不同的渠道具有不同的故事元素，当这些元素组合在一起时会创建一个完整的故事链。与传统的渠道只是以不同的格式显示相同的内容不同，如今的渠道能够将故事的不同部分链接在一起。这会引起人们的兴趣，并使您的观众主动寻找下一个渠道。

Comparethemarket.com 就是一个很好的例子。它十多年来一直能够保持其猫鼬家族的故事情节。该营销活动的成功部分归功于它在不同媒体上展开故事的方式。例如，它首先在电视上推出了这项活动，然后使用数字渠道，甚至制作了实体玩具让人们参与进来。

离散主题故事

（由于广告长度更长）您还可以创建离散的主题故事。您可以选择在一个信息中包含一个主题故事，而不是在一个时间段内用多次信息播放连续的故事，这会使故事具有高度的共享性。

Chipotle 在这一点上做得很好。它创造了一系列独立的主题故事，最成功的是一个名为《回到起点》的故事。这个故事为它赢得了行业奖项，获得了数百万次观看、分享，给用户留下了深刻的印象。

个性化故事

最后，根据观众的特点将故事制作得越个性化越有效。您应该考虑三种类型的个性化。第一个是用户定义个性化，您的客户可以定制故事、角色和结局等。例如，

O2[1] 在橄榄球世界杯期间发起了一项名为"戴上玫瑰"（Wear the Rose）的活动，让人们可以选择自己的游戏角色并进行虚拟游戏。第二个是行为个性化，即基于与客户的互动而调整其创意。领英在这方面做得非常好，它可以基于用户以往在平台上的互动情况，给他们发送定制信息。最后，还有战术个性化，也称为"当下"个性化，它作为一个节目出现，通常从属于"惊喜和愉悦"[2] 这个更大的节目。

请思考在创建创意故事时如何使用这些元素。

为您的营销活动创建您自己的故事

在为营销活动编写自己的故事时，您可以采取图 7-7 中的多个步骤。让我们逐一分析。

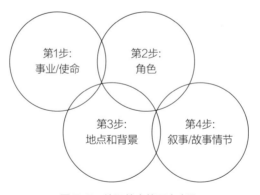

图 7-7　编写故事的四个步骤

---

① O2 是英国第二大电信企业。——译者注

② 惊喜和愉悦是一种策略，它为客户提供意想不到的好处，以重新唤起对其产品和服务的兴趣并扩大信息传递。如在苹果商店中顾客态度非常友好的话，可能会获得维修费用免单的机会。——译者注

第1步：事业 / 使命

每个伟大的营销故事都需要有一个隐含的事业 / 使命，这是它希望实现的目标。您可以从电影、电视节目和纪录片中获得灵感，帮助您了解您如何将事业 / 使命融入我们的故事中。然而，关键的区别在于，在营销故事中，您需要将一些非常贴近人们内心的东西与您的品牌叙事结合起来。

莱昂纳多·迪卡普里奥（Leonardo Di Caprio）主演的纪录片《洪水泛滥之前》是一个很好的例子。它讲述了日益严重的气候变化问题。这是一个关于气候变化这一全球挑战带来的影响和潜在后果的故事，引人深思。这个故事的力量在于它与世界各地的现状和人们关心的事情息息相关。

请写下您故事中的事业 / 使命。

第2步：角色

有趣的是，一流的营销效果咨询公司思媒思智（Ebiquity）表明，创意营销的一个关键要素是所谓的"流畅手段"。根据 System 1 Group[①] 的说法，流畅手段被定义为"充满创意的巧妙言辞（角色），在长期的营销活动中用作引人兴奋的主要手段"。思媒思智认为，在营销活动中使用角色可以提高市场份额和利润，延长营销活动的寿命。因此可以说，对您的故事，最重要的是开发一个角色，这个角色能让您的受众产生共鸣，希望角色能继续他们的旅程。

开发角色时需要考虑多种技巧：

- 尽管情况并非总是如此，但是主角通常是观众代入"这可能是我"的情况

---

① System 1 Group 是一家世界知名的广告代理公司，曾策划过美国超级碗广告等。——译者注

下产生共鸣的人物。

- 其他角色应该是观众可以在特定环境或他们自己的生活中会遇到并可以形象化的人物，在许多情况下这些人物可以用夸张的方式呈现出来。

让我们来看看《哈利·波特》中的一些角色，以帮助您更好地理解上述内容，见表 7-1。

表 7-1 《哈利·波特》中的人物角色

哈利·波特	赫敏·格兰杰
尽管整个巫师世界都对他倾注了大量的注意力，但他仍然对自己的失败比成功更清醒，并且不会让这一切冲昏头脑。他是有点不自信的年轻人的缩影，这是他讨人喜欢的核心，因为他和很多年轻人很像	每个主角都需要朋友，赫敏(和罗恩)是哈利性格的完美补充。她有时是一个令人难以忍受的万事通，但她最终让人们感觉是可以忍受，甚至是可爱的万事通，一个不隐藏她自己的聪明才智但也认可她周围的人智慧的人。她很忠诚，帮助哈利解决了他遇到的许多问题
罗恩·韦斯莱	阿不思·邓布利多
他为二人组提供了轻松的喜剧元素。他与哈利的关系不仅仅是最好的朋友之一，还是爱与嫉妒的复杂结合。毕竟，当哈利嫉妒罗恩他那充满爱心的大家庭时，罗恩不得不与他的中童综合征做斗争，还必须将他自己陈旧的生活方式与哈利的财富进行对比。甚至有一段时间他们似乎是赫敏感情的竞争对手（至少在罗恩看来如此)，难怪会有张力呈现	邓布利多留着胡子，很聪明，他强大而古怪，并且像任何活着的人一样喜欢柠檬雪宝。邓布利多是一个父亲般的人物，也是哈利的导师——但当情况所需时，他会毫不迟疑地将哈利送入致命的危险境地。他在自己的时代做了一些错误的判断，这使他更容易被人认同
鲁伯·海格	西弗勒斯·斯内普
他很高大，他很坚强，他有一颗10岁女孩的柔软内心。公平地说，海格不是最聪明的，但他可能是最热情的。他毫不掩饰他对朋友（和宠物)的关心程度，而且总是在粗犷的外表之下表现出强烈的多愁善感	斯内普是一个充满神秘色彩的角色，他身上的秘密和谜语层层叠叠，一直隐藏到最后才表露内心

请在表 7-2 中写下对您故事中所有角色的描述，尽可能多写几个格子。

表 7-2　您的角色

第 3 步：地点和背景

地点和背景是故事中非常重要的组成部分，必须非常谨慎地选择。背景帮助观众将故事形象化，并在其中嵌入特定的地点和时期。显然，地点需要与整体主题和叙事保持一致。背景还必须吸引观众的感官并尽可能真实。

请思考您将用于故事的地点和背景。

第4步：叙事 / 故事情节

您需要考虑的下一个元素是叙事 / 故事情节。这指的是您的故事从头到尾的流程。故事的有趣之处在于，它们倾向于呈现出一种自然的（几乎是普遍性的）流程，您可以重复利用这一点。我们可以看看，所有故事通常都会经历图7-8中的五个步骤。

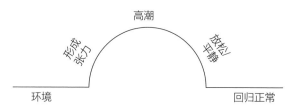

图 7-8　故事情节模型

在这个模型中，"环境"通过引入角色和背景来设置舞台。故事中的事件造成紧张和冲突，通过"形成张力"推动故事达到"高潮"。一旦达到高潮，故事就会以一种解决分歧（"放松 / 平静"）的方式完成故事情节，导致"回归正常"（人物回归正常，释放观众的紧张情绪）。

在每个阶段，故事都有能力联结我们上面描述的其他元素，以达到更深的深度并使人物栩栩如生。

根据该模型，请在图7-9中尝试为以上五个步骤逐一编写一段叙事。

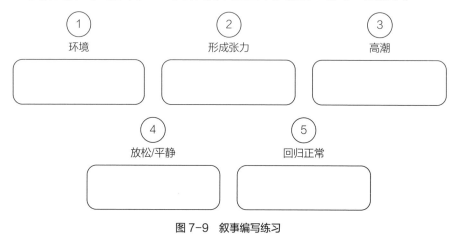

图 7-9　叙事编写练习

媒体规划

如果不能将其呈现在目标客户面前，那么即使设计出最具创意的交流形式也不会产生任何效果或影响，这就是媒体规划很重要的原因。媒体规划是指确定适当的渠道（在适当的时间）传递信息的过程。

在制定媒体规划时，请基于数据来考虑以下事项：

- 您的目标客户最常使用哪些渠道？
- 哪些渠道欣赏您的创意？
- 哪些渠道未被您的竞争对手充分利用？
- 哪些渠道将以最低的成本为您带来最大的影响力？

要为您的创意确定合适的媒体组合，请考虑不同渠道的不同用户动态。例如：

视频广告的可见性：这是指特定媒体渠道中的广告被真实的观众看到，而不是对着空白的房间播放。

有证据表明，在超过 25% 的情况下，尽管电视广告在他们的屏幕上，但人们并未观看，而 YouTube 广告的可见性极高。同时，许多社交广告因为滚动过快（大多数情况下不到 2 秒）而无法查看。

停留时间：观众花在观看广告上的时间以及它被记住的最大可能性。

电视的停留时间仍然最长，而数字媒体的停留时间要少得多。有趣的是，尽管有很多人预测电视已死，但它仍然是购买注意力最划算的方式（只要您有足够的预算）。另外，脸书等社交媒体平台只能为您的产品提供低水平的停留时间。所以这里的关键信息是，当您在社交媒体上做广告时，您真的必须让您的交流更有创意，以吸引人们的注意力！

多渠道：证据表明，与使用单一渠道相比，当您整合多渠道时，会产生更大的影响力和有效性。

您打算如何实现覆盖率和渗透率目标？

有一种系统的方法可以实现这一目标，即首先选择您的主要渠道，并最大限度地提高该渠道中目标受众的覆盖率和观看频率。此后，一旦您充分利用了主要渠道，那就继续开发下一个渠道，以此类推。让我们通过一个相当具有标志性的例子来说明这一点：

超级碗[①]的广告值得吗？

美国超级碗可能是世界上竞争最激烈的媒体空间之一，2021年比赛期间的30秒广告位约耗资550万美元。这笔投资对广告商来说是否真的物有所值，众说纷纭，争论不休，让我们来看看证据。

单次曝光成本和覆盖范围

首先要考虑两个概念：单次曝光成本和覆盖范围。单次曝光成本实际上是您能够以最具成本效益的方式吸引多少眼球。通常，广告主需要使用多种媒体才能达到1亿次曝光的水平，而在超级碗中一次便可实现。第二个要素是考虑目标客户类型与您所能触及的观众类型是否一致。毫无疑问，超级碗吸引了各种各样的观众，其中许多人只是偶尔看电视，因此此时的广告可以让广告主有效地触及新的观众。

可见度

大多数人倾向于利用广告时间作为离开电视的机会；然而，超级碗是一年中人们真正注意观看广告的时候。

这个时间段因其广告而闻名，以至于在中场休息期间，它已成为一个小型竞争，看看哪个广告主在超级碗中获胜。因此，在超级碗期间观众观看广告的停留时间远远超过正常时间。

电视广告的连锁效应；赢得媒体

超级碗的一大吸引力是它创造的话题，人们不只是观看它——他们还会分享、

---

① 超级碗是指美国国家橄榄球联盟的年度冠军赛。——译者注

交谈、参与和体验。这似乎是与家人和朋友一起度过的最佳场合，无论是在线下还是在线上。

超级碗广告对广告主的主要好处之一是他们可以在社交媒体上获得自然曝光，从而通过电视广告开辟新的渠道和新方式来扩大覆盖面并延长生命周期。

建立名气

根据英国广告从业者协会的研究，在开发和建立品牌时，名气是最重要的方面之一。仅仅与成为"超级碗品牌"相关联，就可以让您在目标市场中获得巨大的可信度和持久性。这是产生品牌资产并进入特定受众群体的经典方式。

综上所述，很明显超级碗为广告主提供了一次性触及大量观众的机会，而不必像往常一样转移到其他各种渠道来扩大覆盖面。超级碗单次曝光成本低，受众覆盖范围大，停留时间长，因此是一种非常具有成本效益并具有影响力的方式。对于能负担得起该广告的广告主，超级碗广告是不错的选择！

第8章

使用搜索营销扩大
影响力

我们现在将专注于搜索营销，特别是如何为您的网站开发搜索引擎优化方法，以提升您的品牌所需的搜索词排名。

数字营销武器库中最强大的四种工具是搜索营销、在线付费和程序化广告、联盟营销以及电子商务，如图8-1所示。可以说，这些技术一直是整个营销行业民主化的核心，它们使各种形式和规模的品牌能够有效地相互竞争。以前，品牌需要非常可观的广告预算来产生知名度、影响力和分销渠道来吸引潜在客户，这通常是通过诸如电视、新闻或户外媒体（尽管现在有折扣，但这些渠道也有风险）等大众营销工具来实现的，然后还要争夺有限的零售空间。然而，今天，即使是营销预算有限的初创品牌，也有能力通过这些技术制作具有高度针对性的广告，以触达目标受众，然后立即将其转化为销量。这是真正的游戏规则改变者。

也许，这些渠道最令人兴奋的方面之一是：利用它们的定位和支付功能，它们或可以将目标用户按照邮编定位到某地或可以助力品牌几乎在一夜之间走向全球。只需点击几下按钮，公司就可以开辟新的细分市场，真正证明了在当今互联的世界中，带宽比边境更重要。

这些领域的一个重大发展是，最初看起来非常独立和不同的领域已经不再互相分割。我们看到搜索营销、在线付费和程序化广告、联盟营销以及电子商务技术之间的界限越来越模糊，朝着更加全渠道的方式发展。一个很好的例子是使用竞价制度的谷歌智能购物（Google Smart Shopping）。谷歌智能购物在其平台上提供富媒体广告和再营销技术，将客户带回谷歌进行购买。这显然不是孤立的情况。Instagram 购物或亚马逊广告（Amazon Ads）也是如此，因为平台希望为其客户创建一体化解决方案。这是有充分理由的，因为有足够的证据表明，同时使用一系列渠道比单独使用单个渠道更有效。事实上，良好的媒体规划涉及将上述提到的渠道与一系列其他更传统的渠道仔细整合，以进一步增强营销的影响。因此，我们必须使用媒体规划技术将这些渠道无缝集成在一起，并与一系列其他传统渠道无缝整合。

四个领域之间的界限模糊

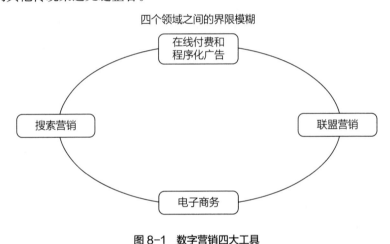

图 8-1 数字营销四大工具

首先让我们逐个看看这些领域。从图 8-2 中可以看出，搜索营销包括搜索引擎优化，在线付费和程序化广告包括付费搜索、付费社交、付费展示，联盟营销和电子商务包括市场 / 第三方或直接面向消费者。

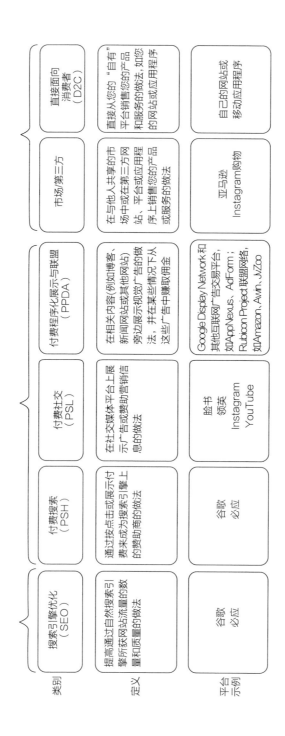

类别	搜索引擎优化 （SEO）	付费搜索 （PSH）	付费社交 （PSL）	付费程序化展示与联盟 （PPDA）	市场/第三方	直接面向 消费者 （D2C）
定义	提高通过自然搜索引擎所获网站流量的数量和质量的做法	通过按点击或展示付费成为搜索引擎上显示赞助的做法商的做法	在社交媒体平台上展示广告或赞助营销信息的做法	在相关内容（例如博客、新闻网站或其他网站）旁边展示视觉广告的做法，并在某些情况下从这些广告中赚取佣金	在与他人共享的市场中或在第三方网站、平台或应用程序上销售您的产品或服务的做法	直接从您的"自有"平台销售您的产品和服务的做法，如您的网站或移动应用程序
平台示例	谷歌 必应	谷歌 必应	脸书 领英 Instagram YouTube	Google Display Network 和其他互联网广告交易平台，如AppNexus、AdForm；Rubicon Project 联盟网络，如Amazon、Awin、JvZoo	亚马逊 Instagram购物	自己的网站或移动应用程序

图 8-2 搜索营销、在线付费和程序化广告以及电子商务的细分

我们本章先了解搜索营销，后面章节再看在线付费、程序化广告、联盟营销和电子商务。

搜索引擎优化

搜索营销的核心是搜索引擎优化 (SEO)，这是让您的网站在各种搜索引擎中针对特定关键词（以及越来越多的语音命令）获得高排名的过程。在这里，我们将明确您需要了解什么以及采取哪些行动，才能最大限度地发挥您的品牌在该领域的潜力。

有趣的是，谷歌上超过 80% 的点击来自搜索结果的第一页。此外，语音搜索正变得越来越流行，这使得在搜索结果中排名靠前变得更加重要。这意味着，如果您的排名不高，则不太可能从该渠道产生较大流量。值得注意的是，尽管谷歌在这一领域占据主导地位，但其他平台，如亚马逊（如亚马逊 Echo 和 Alexa[①]）也使用关键词和语音命令搜索技术。

您需要考虑的最终问题是，当人们输入或用语音命令输入特定的搜索词或问题时，您将如何到达这些排名的首位。

例如，谷歌使用一系列基于相关性、受欢迎程度和权威性等因素的标准来确定网页的排名。要优化您的网站，您需要考虑两个方面。第一个是站内或技术性 SEO，它涉及优化您网站的技术方面，以使 Googlebot（谷歌用来抓取您的网站的工具）易于获取。第二个是站外或非技术性 SEO，您可以围绕网站做一些工作来提升其权威性，从而使其更具吸引力。

请立即使用诸如 SEMrush 之类的工具对您的网站进行搜索引擎优化审计，这值得一试。它将使您能够大致了解您在互联网上的影响力，涵盖站内和站外搜索引擎优化的两个维度，如图 8-3 所示。

---

① Echo 是亚马逊推出的智能音箱，Alexa 是 Echo 中的智能助手，可与用户进行自然语言的交互。类似阿里巴巴的天猫精灵。——译者注

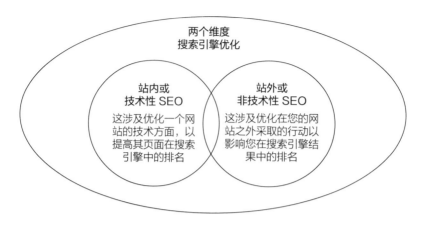

图 8-3 搜索引擎优化的两个维度

站内或技术性 SEO

通过站内 SEO，您试图让搜索引擎尽可能轻松地了解您的网站内容、网站与搜索人的相关性以及您可以提供的结果的质量。为此，您需要确保网站的每个技术方面都符合某些标准，以便谷歌等搜索引擎能够轻松进行分析。

从技术性 SEO 的角度来看，您需要涵盖七个关键领域。图 8-4 即为站内排名因素示例，本节最后也有一个便捷的清单供您参考。值得注意的是，不同的搜索引擎会不断更新其 SEO 技术要求，因此请留意它们的最新更新。

图 8-4 站内排名因素示例

HTTPS

您可能已经注意到，您访问的许多网站的网址前都有 https，其中"s"代表安全性（security）。它表明该网站为用户提升了保护级别，包括加密、数据完整性和对用户进行身份验证的需要。鉴于持续存在的网络安全问题，安全因素的重要性日益凸显，因此您必须拥有这项技术。

获取 https 状态很容易，您只需要申请 SSL 证书，这可以通过任何域服务提供商完成，如 Go Daddy。

网站设计和站点地图

下一步是确保搜索引擎可以无缝读取或抓取整个网站。以下是一些非常有用的检查供您参考：

- 确保您的网站在不同浏览器上兼容——您可以使用 Browserling。
- 检查确保您没有任何损坏的链接，因为损坏的链接会影响搜索引擎找到您全部内容的能力。您可以使用死链接检查器进行检查。

为了让搜索引擎更轻松地浏览您的所有网页，请确保您拥有最新的站点地图。将站点地图视为搜索引擎易于阅读的目录，以便它们准确了解您每个页面包含的内容，从而更轻松地找到相关信息。这会对您网站的 SEO 排名产生积极的连锁反应。创建站点地图的方法有很多，XML-sitemaps 工具可以为您完成这项工作。

HTML 结构

虽然我们这里的讨论有点偏技术性，但是了解您的源代码要反映您网站的内容和相关性这一点是很重要的。图 8-5 中是需要考虑的主要因素。

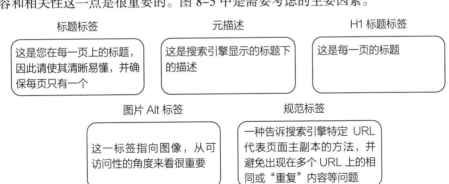

图 8-5　网页结构中要考虑的因素

为了帮助您理解这一点，请查看图 8-6，了解每个元素的位置。

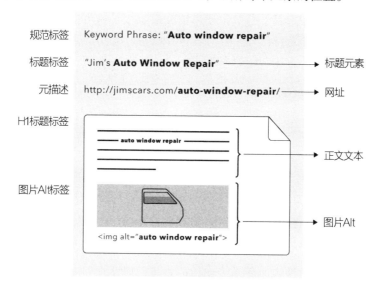

图 8-6　网页元素示例

页面加载时间和服务器速度

从技术性 SEO 的角度来看，另一个重要因素是您的网站加载所需的时间。这显然很重要，因为搜索引擎不希望用户等待很长时间才能访问信息。更糟糕的是，据报道，如果加载时间过长，搜索引擎可能会完全放弃搜索并将您排除在搜索结果之外。

富文本摘要

从转化率的角度来看，这是一个非常重要的概念。摘要是谷歌在搜索结果中向用户显示的结果。谷歌以蓝色显示标题，以绿色显示网址以及对页面内容的描述。因此，您需要使用摘要窗口了解您的网站摘要。

重复的内容

在互联网上的多个位置出现重复的内容是很常见的事。这确实让搜索引擎感到困惑，因为它不知道在搜索结果中使用哪个。我们有两种方法可以处理这个问题。首先是使用谷歌搜索控制台工具（Google Search console）识别重复内容。第二种是使用规范标签（上面提到的）来告诉搜索引擎使用哪些网址。

移动优化

由于我们大多数人每天都在移动设备上进行搜索、互动和交易，移动优化正日益成为我们数字体验不可或缺的一部分。正是因为认识到这一点，谷歌等搜索引擎将移动优化视为排名因素，这对在电脑和移动设备上都有返回结果的网站非常重要。

为了确保您的网站符合它们的标准，需要检查以下几点：

- 内容：我的所有内容都在移动视图上兼容吗？
- 页面速度：网站加载速度是否足够快？
- 移动响应：网站是否全部是响应式[①]的？

如果您想检查您网站的移动设计和响应能力，可以使用响应式设计检查器。

关键词和 BERT

以前，只需在您的网站上使用正确的关键词就足以在搜索引擎上获得高排名。然而，如今使用了谷歌 BERT[②]等系统的搜索引擎，情况就复杂得多了。现在想要获得高排名，既要保证关键词相关，又要考虑用户的搜索意图。

为此，请站在用户的角度思考如何回答他们可能提出的问题。您越能具体地回答这个问题，搜索引擎就会对您越有利。您可以使用关键词规划工具，如谷歌提供的工具。

最后，除了用户搜索意图，您还应该考虑在用户向您付款后如何与他们建立

---

① 响应式是指一个网站能够兼容多个终端，即网站自动适应设备屏幕大小进行显示。——译者注
② BERT 是一种自然语言处理模型。——译者注

紧密联系。因此，常见问题解答、实时支持以及让他们轻松地与您交流后续问题等方式，既可以增强您的 SEO 能力，又能与潜在和现有客户建立更高水平的信任。

现在您已了解了站内或技术性 SEO 的关键要素。是时候付诸实践了。请使用表 8–1 中这个简单的清单来确保您涵盖上述各个方面。

表 8–1　站内 SEO 清单

站内 SEO 清单	复选框
您是否为您的网站添加了 SSL 证书？	
您是否创建了站点地图？	
您的网站是否支持移动设备？	
网站在所有浏览器上都表现良好吗？	
您网站的加载速度有多快？	
您的标题标签准确吗？每页只有一个吗？	
您在每个标题下的描述是否切中要害且引人入胜？	
您的标题是否简洁易懂？	
您所有的图片都有 Alt 标签吗？	
您是否在需要的地方包含了规范标签？	
您是否有要删除的重复内容或网址？	
您在开发内容时是否考虑过用户的搜索意图？	

站外或非技术性 SEO

如果将 SEO 看作一枚硬币的话，那么它的一面是站内或技术性 SEO，另一面是站外或非技术性 SEO。这涉及优化您网站相关的其他所有方面，这些方面对您的 SEO 排名有重大影响。

您需要考虑并密切关注三个关键领域，如图 8–7 所示。

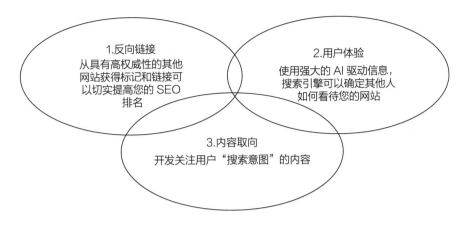

图 8-7　站外或非技术性 SEO 的三大关键领域

反向链接建设

考虑到互联网也被称为"网络"以凸显其互连性，搜索引擎会根据引用您内容的其他网站的类型来确定您的内容是否为优质内容。这是搜索引擎判断内容质量的主要方式之一。从 SEO 的角度来看，链接到您网站的网站越可信，反向链接就越有效。

您可以使用反向链接检查器来检查您网站的反向链接，如可以用 ahrefs。打开网址并转到反向链接检查器。这里有许多关键信息需要注意：

- **域评级 / 链接权限**：显示推荐网站的强度。
- **反向链接数**：您从其他网站获得的链接总数。
- **引用页面**：链接到您网站的所有页面。

建立链接的关键是生成人们喜欢的内容，然后真正地尽可能广泛地推广这些内容。一旦其他可信来源获取了该内容并链接到它，它将与谷歌产生更强的关联。

以下是一些优化链接建设工作的策略：

- 与其他可靠的出版物合作。
- 在可能会链接到您网站的其他网站上发布来宾版块或帖子。
- 编写一系列文章或白皮书，然后在其他网站上引用。

- 根据公关部提出的意见进行修正，这样您就会被不同媒体资源覆盖，然后在这些媒体上链接回您的网站。
- 成为知识资源并以领先的见解而闻名，这些见解将吸引其他人访问您的网站并确保您在他们的网站上被提及。

写下您最希望从哪些渠道获得反向链接。

用户体验

谷歌等搜索引擎已经将人工智能集成到他们的排名系统中，使用的技术被称为 Rank Brain。它会检查一系列信息，如网络统计信息，以确定人们是否能够轻松浏览网站。在这方面，需要关注以下三个重要的网络指标：

- **点击率**：这是从搜索引擎结果页面点击访问您网站的人数百分比。
- **跳出率**：这是在登录您的网站后几乎立即离开的人的百分比。
- **停留时间**：人们在您的网站上停留的时间。

您可以使用 Google Analytics 确定所有这些指标。

图 8-8 中有一些建议可以改善您网站的整体用户体验，这反过来又会影响您的 SEO 排名。请圈出您认为与您当前网站有关的问题。我们将在第 15 章对其进行仔细研究。

简单导航	配色方案	图像
做一个简单性测试——让一些对网站或相关主题零知识的人参与测试，浏览整个网站，看看他们是否可以轻松无缝地做到这一点	确保您网站拥有与您的品牌和商标一致的一致配色方案	只使用良好的图像和高质量图片

建立信任	无缝支付解决方案	移动优化
通过链接合作伙伴和认证等建立信任和信誉	客户从你这里完成购买非常便利	您网站的每个方面都需要适配移动设备并进行优化

图 8-8　改善网站整体用户体验的建议

内容取向

我们已经涵盖了开发相关内容的需求，这些内容侧重于用户的"搜索意图"，而不仅仅是纯关键词匹配。这点变得越来越重要，因为谷歌在确定是否匹配时更加重视意图和语义。

那么您如何为此优化您的内容呢？这里有一些需要考虑的技巧。请随意在图 8-9 中写下笔记。

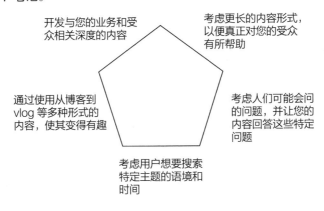

图 8-9　提升您的内容

在这个领域，您需要牢记两个关键趋势。首先是营销人员正在使用网络影响者[1]来帮助开发内容，这些内容可以在您的网站内外使用。我们将在第12章更深入地讨论这个问题。

第二是搜索引擎更加重视视频内容，因此同时投资富文本和视频内容对您十分有益。

到现在为止，您应该已经很好地掌握了开发SEO的关键方面。现在让我们继续了解如何使用付费搜索技术补充您的自然SEO[2]策略。

---

[1] 影响者（influencer）根据语境也被译成网红、大V、有影响力的人等。详见第12章。——译者注

[2] 自然SEO就是通过对网站本身的内容进行优化，从而吸引网络爬虫和网络蜘蛛的注意力，而不是通过额外开销的形式来进行优化。——译者注

第 9 章

在线付费、程序化
广告和联盟营销

前一章您了解了优化 SEO 的方法，我们现在要继续研究在线付费、程序化广告和联盟营销为您的品牌带来的机会。使用这些渠道，您可以生成针对性强且个性化的广告活动，从而对销售收入产生直接影响。

正如我们之前所发现的，在线付费和程序化广告渠道主要分为三种类型，见图 9-1。

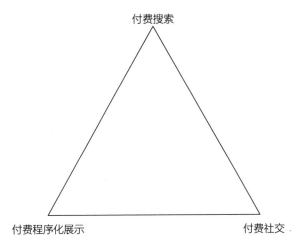

图 9-1　在线付费和程序化广告渠道的三大类型

付费搜索

付费搜索允许您在搜索引擎上以赞助或以付费广告的形式宣传您的产品，从而将您的广告放置到搜索引擎页面的顶部或侧边。您需要考虑三个关键因素，如图 9-2 所示。

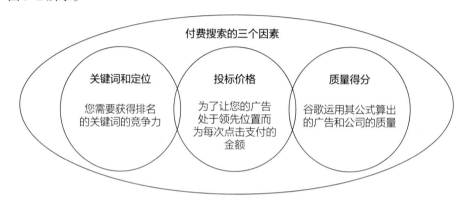

图 9-2　付费搜索的三个关键因素

关键词和定位

付费搜索有效性的主要驱动因素是您想要排名的关键词类型。例如，一些通用关键词非常受欢迎，这意味着为了让您的关键词在这些通用关键词搜索结果中展示出来，您必须出高价并获得良好的质量得分。

在决定要使用的关键词时，您可以采用两种通用的策略，选择哪一种策略具体取决于您的目标。让我通过纯素食食品的例子来说明这一点：假设您拥有的是一个纯素食品牌，推出了一种新的纯素食香蕉面包，那么使用关键词规划工具，如谷歌关键词规划师（Google Keyword Planner）将会非常有用。

短尾搜索

一方面，如果想提高品牌知名度，您可以选择短尾搜索。短尾搜索更普遍，由一个或两个词组成。这样做的好处是您的品牌可能会出现在更多搜索结果中。但是，您必须提高出价才能实现这一目标，且转化率会很低。在图 9-3 中，我们可以看到"纯素零食"这个词的竞争非常激烈，因此每次点击的成本高达 0.96 镑。使用此工具，您还可以查看其他相关词语的效果以及成本，如图 9-3 所示。

□ 关键词（按相关性排序）↓	平均月搜索量	竞争度	广告展现份额	首页出价（低范围）	首页出价（高范围）
□ 纯素零食	8100	高	—	0.31镑	0.96镑
关键词创意					
□ 纯素蛋白棒	2900	高	—	0.61镑	1.36镑
□ 纯素薯片	880	中	—	0.26镑	0.82镑
□ 纯素肉干	1000	高	—	0.22镑	0.61镑
□ 健康纯素零食	1300	高	—	0.46镑	0.98镑
□ 纯素饼干	590	高	—	0.15镑	0.77镑
□ 纯素谷物棒	320	中	—	0.53镑	1.40镑
□ 最佳纯素零食	390	高	—	0.38镑	0.95镑

图 9-3 短尾搜索工具示例

长尾搜索

除了短尾搜索，您可能希望以更低的成本产生更高的转化率，而且并不想覆盖太多的人群。那么您可以选择长尾搜索[①]方法。

长尾搜索允许您根据人们搜索的短语来展示您的广告。例如，我们如果使用短语"健康纯素食香蕉面包"，搜索量则要低得多，实际上每次点击的成本可以忽略不计，如图 9-4 所示。

---

① 所谓短尾搜索即使用一或两个常用词（称为短尾关键词，如"电脑"）进行搜索，覆盖范围广，但难以获得高排名。而长尾搜索则相反，用多个词甚至是短语（称为长尾关键词，如"大屏幕轻薄笔记本电脑"）进行搜索，覆盖范围小，较容易获得高排名。——译者注

关键词（按相关性排序）↓	平均月搜索量	竞争度	广告展现份额	首页出价（低范围）	首页出价（高范围）
健康纯素食香蕉面包	590	低	—	—	—
关键词创意					
无糖纯素香蕉面包	260	低	—	—	—
纯素全麦香蕉面包	10	低	—	—	—
健康纯素香蕉面包食谱	20	低	—	—	—
低热量纯素香蕉面包	30	低	—	—	—
纯素无糖香蕉面包	210	低	—	—	—
低脂纯素香蕉面包	20	低	—	—	—
健康纯素香蕉面包食谱	10	低	—	—	—

图 9-4　长尾搜索工具示例

请考虑您的目标以及短尾搜索和长尾搜索方法，写下您认为相关的关键词类型。

定位

除了决定围绕关键词的参数，您还需要确定您的目标人群。您可以从图 9-5 中看到一系列因素，需要考虑不同的地区、语言和兴趣。

您可以使用不同的分组来进行测试，针对不同的受众采用不同的方法，以找出最有效的方法。

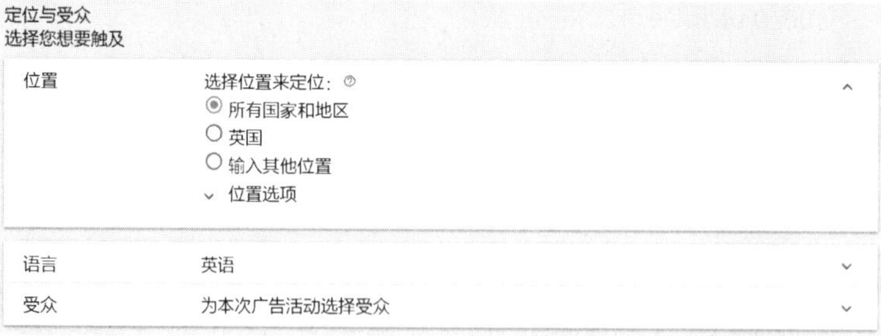

图 9-5　定位受众可考虑因素示例

请在此处写下您的受众定位偏好。

投标价格和质量得分

下一个因素是出价——您愿意为每次点击的成本出价多少。如图 9-6 所示，谷歌会根据您的每日支出为您预测点击次数。

图 9-6　谷歌预测的点击次数示例

他们不一定向您展示的一点是，其计算方式还结合了最后一个因素：质量得分。

您的质量得分由几个要素组成，包括：

- 您的点击率 (CTR)。
- 关键词的相关性。
- 着陆页的相关性。
- 您的广告文本的相关性。
- 您的账户过去的表现。

基于这些因素，最高质量得分为 10，而新的广告活动起始质量得分为 6。其中最重要的变量是您的点击率，因为它向谷歌表明人们的确发现您的广告有用。毕竟，成功孕育成功。

让我们举一个例子来说明投标价格和质量得分是如何结合在一起的。在图9-7顶部，您可以看到用于计算的公式。广告客户在竞争相同关键词时哪个排名高取决于计算结果。

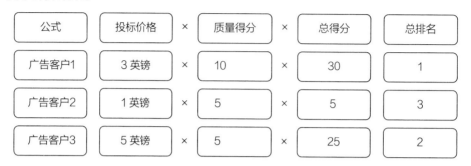

公式	投标价格	×	质量得分	×	总得分	总排名
广告客户1	3 英镑	×	10	×	30	1
广告客户2	1 英镑	×	5	×	5	3
广告客户3	5 英镑	×	5	×	25	2

图9-7　谷歌广告得分计算示例

我们可以看到，广告客户1的实际出价低于广告客户3，但考虑到质量得分，他的广告排名反而更高。这表明提高质量得分是多么重要，因为它使运营这类广告变得便宜得多。

您可以使用多种技术来实现这一点。

定位非常具体的关键词

谷歌允许您根据匹配来严格定位关键词，如图9-8所示。

短语匹配

这个设置表明谷歌匹配指定短语，哪怕搜索词还包含其他内容，只要指定短语在搜索词中就会展示广告。注意谷歌最近将"广泛匹配"合并到了这个类别中

完全匹配

最严格的匹配类型，完全匹配设置告诉谷歌只有搜索词一字不差地与您的关键词匹配时才显示您的广告

图9-8　谷歌广告中的两种匹配方式

要提高点击率，您必须尽量缩小关键词的范围，从而确保受众确实需要您的服务时您的广告才会出现。

使用否定关键词

如果出现关键词匹配，但上下文不匹配的情况，但您又不想让您的广告出现

在搜索结果中，使用否定关键词会很有用。例如，如果您的品牌是 Direct Line[1]，您不希望您的品牌在人们搜索几何概念时出现。因此，您需要使用的否定关键词便是几何或数学。您可能会发现找出关键词很困难，更不用说否定关键词[2] 了。但是您可以使用否定关键词查找器。

请写下您要使用的否定关键词。

迭代您的广告文本

迭代您的广告文本非常重要。因为从根本上讲，只有这样才能吸引用户点击您的广告。您需要不停测试广告文本。以下是制作广告文字文案时的一些最佳实践建议：

- 在标题和正文中使用关键词。
- 描述您的服务的收益。
- 使用全站链接，确保无须额外费用即可获得额外的数字资产。
- 尽可能使用长尾关键词，因为这一方式更有针对性。
- 使用号召性用语。
- 加入主动动词。
- 避免重复。
- 对不同的广告进行 A/B 测试，看看哪个广告点击率更高。
- 迭代并优化广告文本。

①Direct Line 是一家英国保险公司，同时其名也有几何学中直线的意思。——译者注

②否定关键词的作用是，当搜索词中同时含有该词时，不呈现我们的网站。如用户同时搜索"Direct Line"和"几何"两个词，则不在搜索结果中呈现 Direct Line 公司。——译者注

优化着陆页

优化着陆页在很多层面上都很重要，我们将在第 15 章更深入地探讨这个问题。例如，着陆页[1]决定了您的跳出率和转化率。这两个都是非常重要的指标。您可以执行以下操作：

- 确保您的关键词出现在您的着陆页上。
- 使用 Hotjar 等工具查看受众在您的着陆页上卡壳的位置、他们到了哪一步、以及您可以改进哪些地方。
- 确保着陆页简单方便，页面内容与广告内容相互匹配。

付费社交

付费社交指的是在可以链接到其他第三方链接和信息流的社交媒体平台上获得赞助广告的能力。鉴于社交媒体上的人数众多，付费社交的兴起当然不足为奇——脸书平台上的用户超过了 10 亿。从您的角度来看，这可能是最好的定位选项。因为无论您的预算有多少，您都可以通过付费社交让您精准定位您希望看到广告的目标人群。

使用付费社交设置广告系列时，需要考虑图 9-9 中的四个关键步骤。

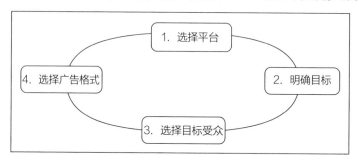

图 9-9　付费社交广告四个关键步骤

---

[1] 请注意着陆页并非登录页面。着陆页也称落地页、引导页，是当潜在用户点击广告或者利用搜索引擎搜索后跳转显示给用户的网页。——译者注

第1步：选择平台

第一步很重要，因为所有社交媒体平台都有不同的用途，使用它们的用户类型也大不相同。因此，您需要选择最能代表您的品牌和目标受众的平台。

值得注意的是，选择在多个平台上做广告可能对您的品牌有利，原因有两个，如图9-10所示。

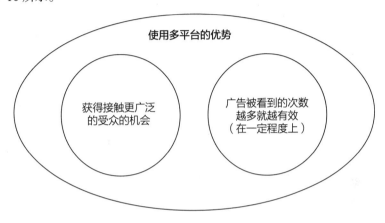

图9-10　使用多平台的优势

显然，如何选择平台需要考虑资源和成本影响。如果您的资源有限，那么选择一个平台并专注于努力吸引平台上的受众可能更有利。那么在这种情况下，质量先于数量。然而，好消息是某些平台（例如脸书）现在允许您同时在其平台和Instagram上发布帖子，因此通过选择一个平台，您可以很容易地在这两个平台上获得曝光。

您需要了解使用每个不同平台的人群的类型并以此为基础做出决定，这非常值得一试。图9-11是您在进行平台选择时可以使用的一些标准，以部分社交媒体平台为样本。

为了您的品牌，您需要考虑投放广告的平台的场景。例如，如果用户登录领英，他们可能需要在领英上寻找新的工作机会或客户。而如果他们登录的是脸书，那么他们可能是有了一点休息时间，正在享受家庭时光，了解家人近况。做这些事情的有可能是同一个人，但他们在不同的平台上有着完全不同的心态。因此，在用任何广告定位受众时都要记住这一点：受众的反应与他们所处的场景相关。

平台	平均年龄	最大的地域市场	收入中位数	目的
脸书	中老年人口	美国、印度、印度尼西亚和巴西	中等收入	主要是社交，与朋友保持最新消息的同步
Instagram	中青年人口	美国、印度、印度尼西亚和巴西	中等收入	主要是社交，但越来越商业化
领英	中青年人口	美国和印度	中高收入	主要是业务相关
Snap Chat	年轻的人群	美国、印度和法国	中低收入	与朋友的有趣互动时刻
YouTube	普遍的	国际的	所有收入	娱乐、教育和信息丰富
Tik Tok	年轻的人群	中国、美国	中低收入	娱乐和享乐

图 9-11　社交平台选择标准及示例

请写下哪些社交媒体渠道最适合您的品牌投放广告。

第2步：明确目标

由于平台的定位能力，人们无论是直接在社交媒体渠道上使用 Instagram Shopping[①] 还是在其他的网站上间接完成交易，付费社交广告往往用于能够促成销

---

① Instagram 的购物功能。——译者注

售的短期优惠。但是，它也是提高知名度和建立社群的一种方式。您需要决定您的目标——请在图 9-12 中圈出与您最相关的旅程，记住它们并不相互排斥。

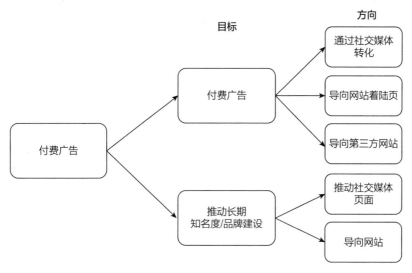

图 9-12　付费广告的目标和方向

另外值得您做的是，继续访问每个社交媒体广告平台并分析它们如何评估您的广告目标和目的。例如，如果在脸书上投放广告，您需要做出如图 9-13 所示的各项选择。

图 9-13　脸书广告管理页面

第 3 步：选择目标受众

到目前为止，您已经选择了您的社交媒体平台并确定了您的广告活动目标。您现在需要仔细选择适合您广告的目标受众。请记住：绝大多数社交媒体平台都允许您针对不同的受众，让您可以测试您的广告最适合哪些人。

图 9-14 是脸书的受众选择工具示例。

图 9-14　脸书的受众选择工具示例

如您所见，这里有相当典型的定位选项，从人口统计数据到地理定位等。这些内容显然很重要，但选择哪些选项具体取决于您的业务以及您服务的对象。除此之外，平台还有更详细的定位选项。如图 9-15 所示，允许您专注于左侧的一系列变量并进一步对该变量进行细化，见图右侧的示例。

脸书等平台的一个相对较新的功能是能够输入"相似受众"。因此，与其从头开始创建您的受众档案，不如让脸书来确定与您的品牌相似的受众。创建的方法是提取您的品牌的数据，然后将其与他们的数据库进行匹配。这种方法可以提供更强大的定位方式，因为它可以分析当前客户的类型并找到类似的客户。

图 9-15　定位选项示例

第4步：选择广告格式

在每个社交媒体平台上，您都可以选择多种广告格式。广告格式就是您的广告向用户展示的最终方式,广告格式会对他们是否参与广告产生重大影响。图 9-16 是来自领英的示例,其中重点介绍了他们提供的不同广告格式。

图 9-16　领英广告格式

要考虑每种格式的相对性能，这一点非常重要。例如，图 9-17 是单个图片广告和文字广告之间的比较。您可以看到广告的成本和效果存在巨大差异。在某些情况下，单个图片广告的成本要高出十倍，但它可以极大地提升广告效果。

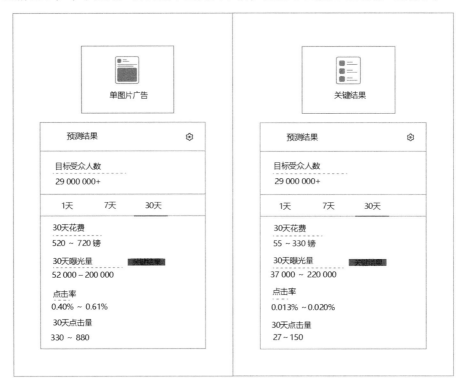

图 9-17　预测效果

除了性能，您还需要考虑最适合您的广告类型的格式。例如，对于易于理解的促销，上述文本或图片广告的选项似乎是可行的。但是，如果您需要解释有关您的产品或服务的某些内容，您可能需要选择视频广告。

脸书和其他平台提供的工具可让您自动执行测试过程，方便它们为类似客户提供各种广告格式，这样您就能够确定哪种广告格式效果最好。这免去了创建自己的定位选择和广告格式的麻烦，并为您提供值得信赖的结果。要了解更多信息，请查看脸书自动广告（Facebook Automated Ads）。

您现在已准备好启动您的广告活动了。我建议采用从测试中学习的方法，因此从相对较小的规模开始，测试哪些广告格式服务于哪些目标受众效果最好。一旦确定了这一点，您就可以在您已经确定的有效的领域增加支出。

最后，图 9-18 中有一些关键提示，可以提高和改善您的付费广告效果。

社交堆叠

使用不同的定位因素改变您的定位方法，但只使用一种广告文案和变体，以最大限度地利用该创意的社交工具(点赞、评论和分享)

让您的潜在客户
加入脸书群组

如果您能让您的潜在客户加入一个社交媒体群，您就很可能把他们变成热情的品牌引领者

提供超值优惠

由于付费广告的竞争水平不断上升，把优惠当作一种激励手段，并让您的优惠实实在在被看见，做到这一点非常重要

推动自然分享

请记住，当用户分享、点赞或评论您的广告时，您无须支付任何费用，因此请创建让他们想要参与的内容

图 9-18　提升付费广告效果的关键提示

付费展示广告和程序化广告

在线付费广告渠道具有许多显著优势，它们可以将您的广告活动提升到一个新的水平。在线付费广告位于所谓的"程序化广告"的核心，而程序化广告需要基于三个要素向受众发送个性化广告，如图 9-19 所示。

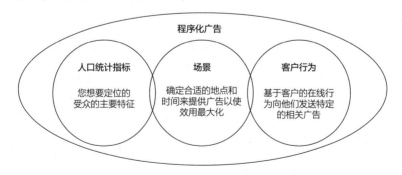

程序化广告

人口统计指标

您想要定位的受众的主要特征

场景

确定合适的地点和时间来提供广告以使效用最大化

客户行为

基于客户的在线行为向他们发送特定的相关广告

图 9-19　程序化广告的三大要素

付费展示的力量在于它能够通过各种广告交易平台在数以千计的网站上投放广告，因此它不像付费社交那样局限于特定的数字资产。好消息是，设置这类活动相

对容易，因为有一些精巧的工具可以为您自动化这一流程，我们后续将为您介绍。

在深入研究细节之前，有必要多了解一下程序化广告和广告交易平台的工作原理。这个工作原理的核心是我们能够通过广告交易平台自动购买和优化数字广告，而不用直接与媒体联系。为了实现这一点，我们有一个实时竞价系统，可以让您在用户加载网站的同时购买广告。在图 9-20 中，您可以看到媒体或网站所有者（供应方）将他们的广告空间投放到交易平台上。同时，有广告需求的品牌（需求方）也会将需求投放到交易平台上并指定其广告的条件。例如，在什么情况下、在哪些类型网站上投放广告，如仅当用户首先访问自己的网站时才投放。

媒体/提供商　　供应方平台　　广告交易平台　　需求方平台　　品牌/广告主

图 9-20　程序化广告和广告交易流程

一旦用户登录媒体的网站，实时竞价系统就会根据所有符合标准的广告触发竞价。这发生在用户点击网址和页面加载之间的几毫秒。例如，如果您是狗粮广告主，您可以指定要做广告的网站类型，同时还可以指定只有用户也曾访问过您的狗粮结账页面但未完成交易才能在这些网站上发布广告。因此，该广告其实扮演了重定向消息的角色。

因此，您会发现实时竞价系统分别为媒体和广告主带来了哪些主要优势，如表 9-1 所示。

表 9-1　实时竞价系统的优势

媒体	广告主
减少未填充广告空间的机会	能够根据严格的标准进行定位，从而最大限度地提高效率
由于有了竞价系统，每个广告空间的收入实现最大化	非常有效地获得对数千个渠道的高效访问
由于严格的定位获得更有价值的数字资产，进而获得更有效的广告空间	最大化转化率

在决定使用付费展示时，您需要确定您是使用广告网络还是广告交易平台。请看图 9-21 来了解两者之间的差异。

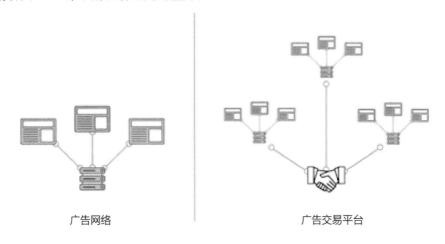

广告网络   广告交易平台

图 9-21　广告网络与广告交易平台的区别

广告网络能连接到一定数量的网站，如谷歌的展示广告网络（Display Network）。您还可以考虑使用 Taboola.com，该网站专门在可信赖的编辑网站上展示您的品牌。媒体也可以注册这些平台，提供广告空间，这些空间会被输入相应的展示广告网络中。媒体可以注册 Google AdSense，在 Google AdSense 上托管它们的广告空间，这些空间可以输入它们的展示广告网络（Display Network）中。另外，像 OpenX 这样的广告交易平台就像是在一个由许多广告网络组成的交易大厅，您可以从中购买跨越多个平台的广告空间。

付费展示广告系列如何运作？图 9-22 是一个例子，展示它实际运作的方式。

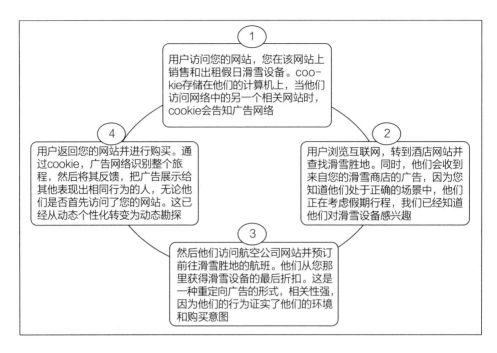

图9-22　付费展示广告系列运作方式示例

设置付费展示广告系列

现在让我们了解如何为您的品牌设置付费展示广告系列。如果我们想充分利用这种渠道，图9-23是一些关键步骤。

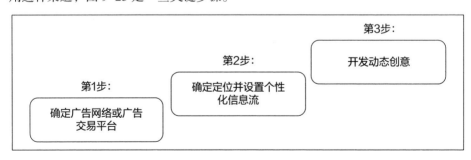

图9-23　设置付费展示广告系列的关键步骤

第1步：确定广告网络或广告交易平台

作为广告主，您需要决定是使用广告网络还是交易平台来获取广告空间。在您做出决定之前，有许多关键的因素需要考虑，如图9-24所示。

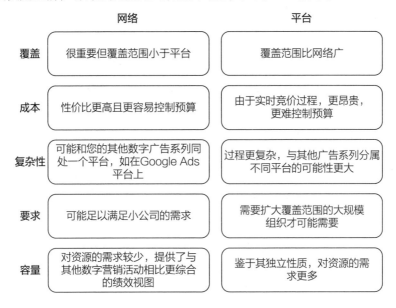

图9-24　网络与平台对比

最受欢迎的广告网络是谷歌展示广告网络，除此以外我们还有多种交易平台可供选择。以下是一些领先的广告交易平台：

- AppNexus
- 微软广告交易平台（Microsoft Ad Exchange）
- OpenX
- Rubicon Project Exchange

第2步：确定定位并设置个性化信息流

每个平台都有自己的方式供您设置定位条件。如果您决定选择谷歌的展示广告网络，那么您就走运了，因为它使用与付费搜索相同的定位方法，这些您已经了解过。但是您还需要了解一些额外的事情。

- **安装转化跟踪代码**：这个工具能让广告网络或广告交易平台了解销售何时完成。它用处多多，可以优化旅程，也可以定位具有更高转化倾向的人群。为此，您可以将广告网络或广告交易平台提供的代码直接安装到您的网站中。
- **上传您的动态反馈**：这可以让广告网络或广告交易平台跟踪访问您网站然后继续互联网旅程的人。上传动态反馈允许广告网络或广告交易平台跟踪这些客户，然后查看客户是否回来完成购买。在此过程中，动态反馈会根据访问的网站类型以及用户在这些网站上展示的行为来个性化每个创意元素。

第 3 步：开发动态创意

最后一步是开发您的实际展示广告。您需要确保它们保持动态，并且能够在桌面和移动设备上进行查看。广告网络或交易平台作为服务的一部分，将为您提供工作参数。请谨记在心，鉴于广告自动化的特性，您需要提供从文案到图像等每个元素，并且各个元素都是独立的数字资产。接下来广告网络或交易平台会使用这些数字资产，然后根据广告的显示位置动态地拼凑广告。现在越来越多的视频和其他格式（例如音频、联网电视和数字户外媒体）使用创意管理平台（例如Bannerflow）来帮助管理整个过程。

图 9-25 是谷歌使用的几个示例模板，您可以了解您的广告是如何展示的。

图 9-25　谷歌广告中的模板

联盟营销

到目前为止，我们主要从广告主的角度讨论了付费展示和程序化广告。但是，您可能是或想要成为媒体，考虑到您可能获得的吸引力，您可以出让广告空间以换取收入。这里有多种方法可以让您实现这一目标，比如以媒体的身份加入广告交易平台（例如 OpenX）或注册 Google AdSense、谷歌广告交易平台等。

请写下对这些步骤的任何思考以及这些思考如何适用于您的品牌和广告活动。

作为媒体，对于如何使用广告空间，您有两种选择。首先，程序化营销使您能够基于每次点击（当有人点击广告并访问网站）或每次展示（仅基于广告获得的观看次数）产生收益。其次，联盟营销计划是否可以为您带来更多商业利益也值得探索。

如果您是媒体，您可以通过推广您平台上没有的产品来赚取佣金。

它的工作原理是您的目标受众与您正在推广的产品受众相似，因此，对您的目标受众来说，这些广告中的产品可以作为您产品的补充。

首先要做的是找到并加入联盟网络营销计划或网络，以下是一些最受欢迎的联盟营销网络：亚马逊联盟计划、Awin、Clickbank、JvZoo。

一旦您成为网络的一部分，您就需要浏览他们的产品并找出您认为自己想要推广并且对您的受众有价值的产品。

第 10 章

开发电子商务
战略

我们现在来看看如何为您的品牌制定电子商务战略。我们将分析各种电子商务平台和渠道以及您可以使用的付款类型。作为其中的一部分，我们还将密切关注"直接面向消费者"或称 D2C 市场及它的出现为您带来的机会。

对当今的大多数企业而言，电商正日益成为销售其商品和服务的最重要途径。它为公司提供了巨大的机会，可以接触更多客户，从而扩大品牌影响力，并以具有成本效益的方式提供产品和服务。

但电商究竟是什么呢？顾名思义，电商是电子商务的简称，即通过数字渠道进行的商业交易。那么，这意味着每当客户使用数字方式购买产品或服务时，无论是线上还是线下，他们都涉足了不断发展的电子商务领域。

电子商务使企业能够超越很多限制，拥有不断增长的供应商和解决方案生态系统，创造更加无缝和无摩擦的客户体验。如图 10-1 所示，电子商务生态系统目前由四层组成，您在开发电子商务时需要考虑这些层面。这些层面并不是相互排斥的，事实上恰恰相反。因为在全渠道电子商务发展的趋势下，当客户购买产品和服务时，多种支付方式可以扩大覆盖范围，提供最大程度的便利性。让我们简要讨论每一层。

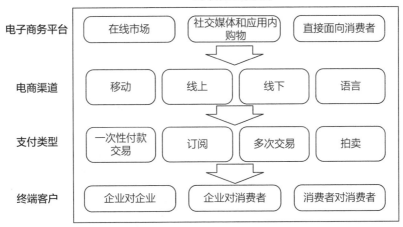

图 10-1　电子商务生态系统

电子商务平台

您可以使用三种底层平台来构建电子商务基础设施。第一种是各种在线市场，如亚马逊、易贝、阿里巴巴或 Flipkart [①]，仅举几例。这些在线市场提供了现成的、易于设置的选项，拥有庞大的现有客户流量。第二种是社交媒体和应用内购物，您可以使用脸书和 Instagram 等平台的"商店"功能直接向人们销售产品。有趣的是，我们发现新技术增强了买家体验。例如，Snapchat [②] 的 Lens Studio 使用户能够使用数字增强现实（AR）试穿新衣服或在客厅放置沙发。它还涵盖了我们使用谷歌地图和位智 [③]（Waze）进行环境定位的第三方应用程序。例如，您正在沿着高速公路行驶，您的卫星导航上会显示 200 米外的得来速 [④] 的优惠。第三种是直接面向消

① Flipkart 是由两名亚马逊前员工创立的印度最大电子商务零售商。——译者注

② Snapchat 是由斯坦福大学两名学生开发的一款"阅后即焚"照片分享应用。——译者注

③ 位智也是谷歌旗下的导航应用。——译者注

④ 得来速（drivethrough）是一种消费者可以驾车完成整个购物过程的商业服务。国内仅有麦当劳提供此类服务。——译者注

费者，您可以通过自己的平台直接向人们销售产品，您可以在其中嵌入支付解决方案或使用基于软件即服务（SAAS）的网络工具，如具有内置电子商务功能的Wix 或 Shopify。

表 10-1 中是各种平台的概要。请圈出那些与您的品牌最相关的选项。

表 10-1　不同电商平台概要

在线市场	社交媒体和应用内购物	直接面向消费者
易于设置，易于起步	设置相对简单	复杂性取决于您的设置方式
庞大的现有客户流量	为客户提供从信息出口到结账的无缝体验	拥有端到端的客户体验
影响利润率的高额销售费用，如亚马逊收取 20% ～ 30% 的费用	能够很好地营销产品，并且受众也会放大广告效果	保留所有利润
平台竞争激烈	基于受众行为的情境化、及时化和个性化	需要自己做营销才能让人们访问您的网站
	按每笔交易付费	
	需要自己做营销	

电商渠道

您有 4 个渠道可以使用。其中第一个渠道在过去几年中增幅最大：移动支付。这是指人们选择通过手机中的浏览器、应用程序（如 Apple Pay）进行线下购买产品和服务的过程。电商的一个主要好处是能够同时收集地理位置信息，从而提供更多背景信息，了解人们何时以及为何进行某些交易。第二个渠道是在线，即可以在线交易，从超市购物到订阅 Disney Plus① 都可以在线上完成。第三个渠道是线下支付，传统上你可能认为这不属于电子商务领域，但越来越多的人认为这属于电子商务领域。这是因为许多零售商正在转向使用移动设备和平板电脑进行交易的"智能销售点"技术。这种转变是有利的，因为这种"智能销售点"技术直接与他们的在线渠道进行整合，因此他们可以了解客户旅程和销售周期的全貌。

最后，由于从苹果的 Siri 到亚马逊的 Alexa 的语音激活和命令技术的普及，一个全新的新兴渠道是语音销售。我们需要注意的是，以上这些渠道变得更加一体化，这增加了对跨渠道能力的需求。

表 10-2 中是各种平台渠道的概要。请圈出其中与您的品牌最相关的渠道。

表 10-2　不同电商渠道概要

移动	线上	线下	语音
方便客户使用	采用得最广泛的电子商务渠道	与后台系统集成生成端到端的客户视图	根据语音命令自动将商品加入购物车
使用面部或指纹进行无缝验证	能够进行更复杂的选择并通过结账功能轻松付款	使用手机或平板电脑作为销售点终端机器	与其他支付渠道结合为客户提供简单方便的购买方式
通过浏览器、应用程序或"触碰付款"购买	能够轻松保存以前的购买记录		
	能够处理从银行卡到银行转账的各种付款方式		

_____

① Disney Plus 是迪士尼提供的在线电影播放服务。——译者注

支付类型

您可以使用四种付款方式。第一种是简单的一次性付款以换取特定物品或服务。它的使用范围从购买一双耐克运动鞋到牙刷等种种商品。第二种是订阅付款，按设定的时间间隔向客户收取相同的费用。这种方式的付款范围涵盖了从奈飞到数字报纸订阅等。第三种是定期付款，即按时间间隔收取不同金额的费用，如煤气费或保险费。第四种支付类型是拍卖或可变支付，其价格取决于供求关系。例如，通过易贝拍卖出售的物品。在支付领域出现了一个有趣现象，即将支付与其他后台功能联系起来的软件在快速增长。例如，库存控制与会计（Xero）和税收（Avalara）软件。

表 10-3 中是各种付款类型的概要。请圈出与您的品牌最相关的付款类型。

表 10-3　不同支付类型概要

一次性付款	订阅付款	定期付款	拍卖
使用任何电子商务平台都易于执行	以相同价格定期付款	以不同价格定期付款	基于最高出价者意愿支付导致公司更高程度的不确定性
从长远来看，价值最低	创造长期价值，尤其是在流失率低的情况下	创造长期价值，尤其是在流失率低的情况下	提供新颖性和参与度
需要不断推动增量购买	无论使用情况如何，客户均需付费	价格基于实际消费	可能亏损，也可能非常盈利

您还应该考虑更广泛的定价策略，因为它会对您的产品或服务的使用产生巨大影响。在数字环境中脱颖而出的一种模式是从 Spotify 到 Adobe 等一系列组织使用的免费定价模式。这种"先试后买"或在不付费的基础上启用有限的特性和功能的方法，能允许客户真正考虑产品或服务的价值，并提供比经典的购买模式更顺畅的购买体验。

终端客户

您需要考虑三种主要的终端客户。第一种可能是最常见的方式，即企业直接向最终消费者销售产品。这可能是购买简单杂货，也可能是购买汽车（是的，您现在可以在线购买汽车）。第二种是企业对企业，其中一个企业通过电子商务渠道向另一个企业付款，如银行卡支付、银行转账或设置定期经常性支付（直接借记或长期订单）。最后，一个新兴领域是消费者对消费者的支付，现在越来越多的人为其他人支付小额交易费用（例如分摊账单）或大额物品的费用。

表10-4中是各种类型客户的概要。请圈出那些与您的品牌最相关的客户类型。

表 10-4　不同类型客户概要

企业对消费者	企业对企业	消费者对消费者
消费者在他们选择的渠道中以方便他们的方式进行支付	使用多种支付方式来分别满足小额和大额支付的需求	消费者向他们的朋友、亲戚和同事付款的简单易行的解决方案

您如何决定您的电子商务战略应该选择哪些选项呢？

鉴于您可用的选项数量众多，确定最佳的电子商务工具和技术无疑是一项挑战。您可以用一个评估工具来帮助您，图10-2中是一个名为"电子商务评估五边形[1]"的工具。

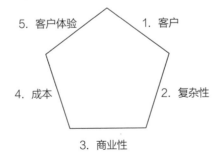

图 10-2　电子商务评估五边形

---

[1] 原文误写为六边形。——译者注

以上有五个标准可确定您的电子商务路径。一是从客户开始，考虑您是否为B2B、B2C 或 C2C 受众提供服务。二是确定哪种支付类型对您最有意义。您需要考虑您的业务模式，并在产生短期收益的能力与长期最大化您的业务潜力的能力之间取得平衡。三是基于您团队的能力考虑解决方案的复杂程度。某些电子商务解决方案不需要技术专长，如在亚马逊上上架，而其他电子商务解决方案则需要较高技术水平，如将支付网关与您自己的网站或应用程序进行集成。这将我们引向第四个标准，即成本。您必须考虑各种解决方案的成本。通常，现成的解决方案会产生一定的月费和交易费用，而集成度更高的解决方案可能会产生更高的前期成本。最后一个标准是确定您想要实现的整体客户体验，使客户尽可能轻松、无缝地与您互动并购买产品。

图 10-3 中是一个可视化模板。您在整个电子商务生态系统中做决策时，可以使用模板中的各个标准来做出判断。从底部开始并逐步向上，圈出最适合您的区域。请记住，您可以在每一层中选择多个选项。

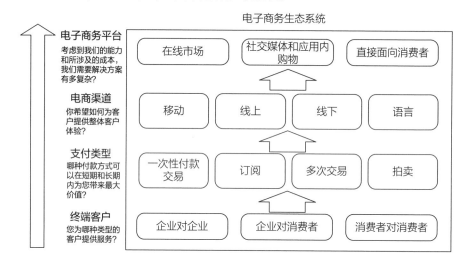

图 10-3　电商生态系统决策可视化模板

请在完成上述关于电子商务需要采用的路径模板后，写下您的感想。

从现在开始，我将逐个介绍三个电子商务平台选项，因为大多数创新产生于此，可能会对您有帮助。

在线市场

随着越来越多的客户使用在线市场购买产品和服务，在线市场行业一直在升温。在这个领域，既有亚马逊和易贝等全球玩家，也有印度的 Flipkart 和中国的阿里巴巴等区域玩家。在决定在哪里上架您的商品前，您有必要明确目标受众的差异，以及您是希望在单一市场销售还是"走向全球"。

在这个领域，无论是需求方（客户看到的东西）和供应方（如何完成订单），都在持续进行大量创新。表 10-5 中是一些可以对您在该领域的方式产生重大影响的改进。

表 10-5　在线市场可用改进

需求方	供应方
市场排名	国际物流服务
视频和直播	本地一小时送达
语音商务	

需求方

与 SEO 类似，所有在线市场都有一个算法，可以帮助它们对产品进行排名，告诉人们哪些产品名列前茅。这里需要考虑三个主要因素，如图 10-4 所示。

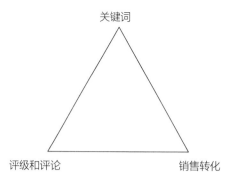

图 10-4　影响在线市场排名三大要素

关键词

我们应当将大量出现且相关的关键词视为上榜的重要部分。您需要使用 Merchant Words 或 KeyworX 等工具进行研究。请确保您只使用与您的产品相关的关键词。与我们讨论 SEO 的方式相同，您可能还需要考虑搜索量较低的关键词，以便您获得更高的排名。好的文案对在榜上脱颖而出也必不可少，因此请花时间构建引人入胜的长篇描述文案，整合您发现的关键词。

销售转化

无法回避的一点是——您的销量越高，您的排名就越高。图 10-5 中是一些提高销售业绩的技巧：

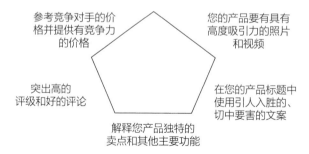

图 10-5　提高销售业绩的技巧

评级和评论

评级的数量和质量也是需要考虑的重要组成部分。事实上，如果没有达到评级数量的最低要求，您在任何市场排名中都不会有很好的名次。图 10-6 是您可以用来提升评级的一些措施。

每次发布产品，都要有至少 20 人为您提供评级/评论	鼓励所有购买的人留下评论	向您现有的客户发送电子邮件鼓励他们发表评论

图 10-6　提升评级的措施

视频和直播

鉴于在线市场的竞争程度，脱颖而出至关重要。越来越受欢迎（并受到排名系统青睐）的一种方式是在产品页面上使用视频。视频让您有机会谈论您产品背后的品牌故事。例如，您可以将视频上传到亚马逊的产品详细信息页面。

您还可以利用的一个有趣的方法是通过直播与您的客户进行实时公开对话，就像在实体店中一样。包括亚马逊在内的许多在线市场都允许某些客户这样做。要了解更多信息，请访问亚马逊直播（Amazon Livestream）。

中国农村的农民完美地向我们展示了他们在新冠疫情大流行期间是如何使用这项技术的。

京东和阿里巴巴旗下的淘宝意识到农民对农产品出售的迫切需求，于是迅速推出了农村直播计划。这些公司帮助农民和商人开设网上商店并加快审批速度，并向他们教授如何设计直播内容。这些公司让它们的应用程序更加直观，并利用它们的物流网络将产品直接从农户手中运送到客户家中。

这样，跳过了传统的从农户到市场的经营方式，农户现在能够直接面向客户，增加了收益，提高了农民的利润率，并缩短了向客户的交货时间。总而言之，这些农民很可能从危机中获得了与最终客户直接沟通并与他们建立牢固关系的绝佳机会。

语音商务

尽管相对较新，但考虑到现在在家中拥有语音助手的人数，语音商务已经获得了巨大的吸引力。语音商务为您的品牌进一步凸显自己创造了一个巨大的机会；然而，要实现这一目标，您需要获得非常高的排名，或者拥有一个非常知名且令人难忘的品牌。让我解释一下。

假设您正在销售一种新式的有机番茄酱。如果有人向"Alexa 询问"有机番茄酱，您的品牌将与一系列其他品牌混在一起，并由算法决定提供哪一个。但是，如果您创建了一个众所周知的品牌，而客户要求提供您品牌的有机番茄酱，那么您每次都会处于头部位置。因此，现实就是最大化地提升品牌的知名度将是赢得语音商务的关键。

您还可以优化您在语音商务上的商品以提升排名。

图 10-7 中是实现这一目标的一些技巧。

具有市场认可徽章（例如亚马逊的选择微章）的高评价和排名产品将具有优势	优化关键词，考虑客户在询问产品时可能会说什么很关键——设身处地为他们着想，想想他们会为您的产品使用什么样的语音描述	这个渠道非常有利于重复购买，因此只要让您的客户购买一次，下次市场会记住他们的偏好

图 10-7　提升语音商务的技巧

请写下您对如何实施上述技巧的想法：

供应方

国际物流服务

电子商务的主要优势之一是能够"走向全球"。然而，这并非那么简单，尤其当您需要考虑运输和税收等物流问题时。现实情况是跨境运输需要很长时间，特别是当客户在几天之内就期望拿到他们的产品时，时间会显得更长。此外，各地税收及海关的要求可能是您需要克服的重大障碍。所以问题是您如何确保您的产品能够服务国际营销商并在数小时内到达您客户手中，同时遵守当地所有的市场法规和税收要求？

好吧，这个领域的两项创新可以派上用场。首先是大多数在线市场都提供所谓的物流服务（fulfilment services），如图 10-8 所示。

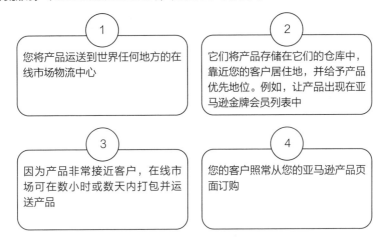

图 10-8　在线市场的物流服务流程

这些物流服务改变了游戏规则，因为您现在甚至不需要持有自己的库存，也不需要操心产品的包装和发货。更不用说，您可以使用亚马逊物流等服务在世界各地销售产品并让您的客户很快收到他们订购的产品。

为了帮助解决当地税收和法规问题，您可以使用 Avalara 等服务，无论您销售到哪个国家 / 地区，这些服务都会自动计算当地所有税收要求。这再次消除了国际销售的复杂性，并使您能够专注于业务发展。

本地一小时送达

在相关服务中，本地一小时送达改变了人们购买便利产品的方式。这基于一个简单的仓库和物流系统，其中产品存储在许多城市中便利的位置。客户订购的产品放置于离客户最近的仓库，并在一小时内送到他们手上。

如果在便利产品市场运营，您可以选择将您的产品存储在当地市中心，并成为此类快递服务的一部分，如 Amazon Now。

请想一想您的品牌和产品如何利用这些创新的想法，并将您的想法写下来。

社交媒体和应用内电子商务

正如我们在前几章中所讨论的，社交媒体是一个关键的广告渠道，特别是考虑到它能够建立社群并可以具体定位到重视您的产品和服务的个人。考虑到您需要使端到端的体验尽可能无缝的总前提，要实现这一目标，最好的办法是在社交媒体上做广告，然后让您的客户在同一平台上购买产品。

有三种方法可以实现这一点，如图 10-9 所示。

业务页面	购物帖子	现场直播
您在社交媒体平台上的有效枢纽，展示您的品牌、故事新闻、更新和产品范围	您可以在帖子上添加购物标签，以便您的关注者可以在留在社交媒体平台上的同时进行即时购买	在社交媒体上与您的听众举办现场直播，可以回答问题、回应反对意见并引导他们到您的网页上购买

图 10-9　实现应用内电子商务的三种方法

针对上述每一种方式，您需要采用的策略非常不同，所以让我们逐一讨论。

业务页面

业务页面实际上是您在特定社交媒体平台上的中心，目的是展示您公司的所有最新产品。这是一个帮助您建立社群的地方，因为如果他们对您提供的内容感兴趣，他们可能会使用此页面作为他们的落脚处。业务页面也是您所有帖子的源头，因此页面越吸引人越好。

尽管严格来说这不是一个直销渠道，但您的业务页面就像您的商店橱窗一样，而不是仅向潜在客户提供有关您产品的信息。业务页面应该让潜在客户对您的品牌有一个丰富的了解，让他们认识到自己为什么应该作为粉丝和客户成为您社群的一部分。您的业务页面上需要包含图 10-10 中的要素。

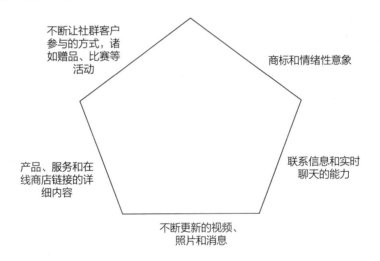

图 10-10　业务页面应包含要素

在脸书、Instagram 和领英等平台上拥有业务页面还有许多优势。它们为您提供更高水平的用户参与度分析和洞察，这是在这些平台上创收的关键。

购物帖子

第二个进展是能够在脸书和 Instagram 等平台上创建购物帖子[①]。这使您可以创建引人入胜的内容并标记各种可通过点击直接购买的产品。广告和电子商务之间的这种整合为您提供了一个绝佳的机会，可以缩短客户的购买旅程，从而提高转化率。

由于您的帖子会传播给您现有的粉丝和他们的粉丝（如果被扩大），您就已经拥有了大量对您的产品感兴趣的热情潜在客户。因此，在受到您的帖子启发的同时，他们就可以通过购买成为您旅程的一部分。这是非常强大的场景营销。

为了能够在 Instagram 等平台上使用此功能，您需要具备图 10-11 中的条件。

| 一个企业账户 | 最新版本的应用程序 | 遵守他们的实物商品政策 |

图 10-11 使用购物帖子所需条件

在运用此功能时，您需要注意以下警示。您的粉丝不希望直接感受到是在被推销。因此，如果过度使用此功能，您将面临熄灭他们购物热情的风险，而非激发他们的购物热情。因此，最好谨慎使用此功能，并将其作为更广泛的内容营销策略的一部分。

现场直播

与在线市场平台上的直播类似，您可以使用社交媒体平台实现类似的效果。事实上，鉴于您现有的社群，使用社交媒体直播可能对您的业务更有利。使用直播是一种非常有效的方式，可以让人们与您互动，通过产品演示查看您的最新产品，您甚至可以实时回应他们可能提出的任何异议。

---

① 购物帖子（Shoppable posts）是 Instagram 借鉴我国小红书的模式而推出的服务，允许发帖人在帖子中加入购物标签，方便阅读帖子的人点击购买。——译者注

如果要开始跨社交媒体进行直播，这里有两个选项。第一种是您可以使用大多数社交媒体平台内的"直播"功能。第二种选择是使用第三方工具，如 Zoom 或 YouTube Live。这些方式可同时在您的所有社交媒体渠道上进行推流直播，从而提高品牌宣传的覆盖面和有效性。

应用内电子商务

能够在用户考虑购买时抓住他们才是关键。大多数时候，人们浏览可能与他们无关的产品和服务，仅仅是因为他们没有心情购买。因此，营销人员的终极困境是不仅要针对有需求的人，还要在人们仅仅只是愿意倾听并可能采取行动的情况下也去做同样的努力。这就是应用内电子商务变得有用的地方——您可以结合图 10-12 中的元素来创建一个非常有利的营销环境。

您的客户几乎每天都会使用一系列应用程序，从在 Spotify 上听音乐到打开谷歌地图或位智找到去餐馆的路。

当客户使用地理位置功能时，您可以利用这类应用程序来推广与客户相关的产品与服务。这样的情形越来越常见。例如，假如您的客户在健身房锻炼时听播客。使用地理位置功能，公司可以知道他们的位置以及他们在那里待了多久，然后向他们提供限时优惠，让他们可以在健身房的咖啡馆购买打折的提神能量饮料。公司可以使用应用的推送通知显示折扣码。

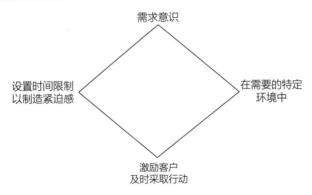

图 10-12　应用内电子商务营销环境要素

此示例使用上面模型中呈现的所有元素为客户创建了高度相关、引人注目的优惠。同样重要的是，这以一种非侵入性的方式无缝融入了他们的生活，因此提供了卓越的客户体验。

您可以利用同时拥有谷歌地图和位智的谷歌网络来开始。可以这么说，图 10-13 中是"登上地图"所需采取的步骤。

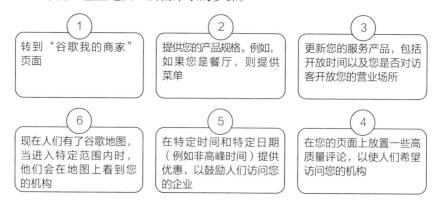

图 10-13 "登上地图"所需步骤

直接面向消费者

最后一个平台是"直接面向消费者"或 D2C，您可以使用自己的数字资产让客户购买您的产品。这使您可以与客户建立直接的关系，并随着时间的推移发展这一关系。由于数字技术的出现，许多知名品牌和颠覆者都选择以这种方式吸引客户。这使它们能够更快地进入市场，控制进入市场的路线，获得交付和响应客户的能力，并在削减中间商的同时最大限度地提高自身的利润率。

从百事公司到颠覆性健康品牌 Ugly Drinks 公司都在采用某种形式的 D2C 策略，因此考虑这种电商方法很重要。首先让我向您展示 D2C 策略的机制是如何运作的，然后再介绍如何利用它。图 10-14 是 D2C 循环的四个阶段的示意图。

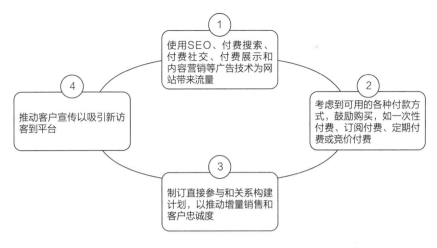

图 10-14　D2C 循环四阶段示意图

需要考虑图 10-15 中三种不同类型的 D2C 平台。

图 10-15　三种 D2C 平台

现成的 SAAS 平台

这类解决方案最易于设置，易于起步。它们涉及使用第三方平台，使您能够选择模板，并使用非常有限的技术知识来填充。Wix 和 Shopify 等平台是该领域的市场领导者，它们实际上拥有数百个"现成"模板可供选择。

好消息是，从电子商务功能到社交媒体插件的所有标准集成都可以在这些平台上轻松完成。所以如果您刚刚起步，还没有做出什么业绩并且资源有限，这类解决方案对您来说可能是理想的。这些公司已经为您完成了艰苦的工作，您可以使用它们提供的全套集成电子商务解决方案。例如，Shopify 有一种称为 POS 或销售点①的产品，您可以在需要实体支付的任何商店、活动或其他应用程序中使用它。例如，凯莉·詹娜（Kylie Jenner）在开设快闪店时就采用了这种方法。主要优势是您可以获得一个单一的后端平台，方便清楚地了解线上和线下的销售情况。

它的缺点是，虽然前期成本很低，但您将被持续收取费用，累加起来也不是小数目。此外，您将受制于他们的基础设施，这可能会限制您，因为您无法完全掌控设计。

开源或无头②集成

这些类型的集成允许您使用自己的数字基础设施，然后插入其中高效地提供电子商务功能。如果您考虑大型零售商或超市，由于与其产品相关的复杂需求，它们会使用这种方法。

最受欢迎的电子商务集成是 Stripe 和 PayPal，它们是该领域的领导者。它们不仅允许卡支付，还允许从银行转账到传统发票（对企业对企业交易很重要）等许多其他支付方式。

此外，它们允许您采用从一次性订阅到按月订阅等各种付款方式。与基于 SAAS 的工具不同，此方法可根据您的网站和业务模型为您提供更多定制化选择。例如，您可以创建客户模块并保存订单和之前的历史记录，使人们可以轻松地重复购买。此外，根据您选择的套餐，您只需按照交易数量来付费，从长远来看，这可以为您节省可观的成本。

但是，它们的集成通常更复杂，并且需要高度的技术专长才能设置并实现您想做的事情。

---

① 销售点系统本质上是一个环境，可以在其中处理许多经营业务的财务和行政工作。国内小型零售店使用的支付宝或微信收款系统就可以看作为销售点系统。——译者注
② 所谓"无头"是指网站或应用程序的前后端分离，这种模式相对传统模式来说更加灵活。——译者注

移动应用

移动商务变得越来越重要，因此构建您的解决方案时需要考虑到这一点。图 10-16 中有三种有效的方法可以确保您启用移动商务，这是构成您的解决方案的一部分。

移动优化的网站，包括结账功能	使用现成的应用程序构建器，如Good Barber 或Appypie	构建渐进式或原生应用程序并通过应用程序商店或支付提供商集成支付网关

图 10-16　启用移动商务的三种方法

至于您采用哪些选项、哪些电子商务功能，则需要更多考虑。这方面的主要考虑是确保客户从添加到购物车、结账、支付到存储他们的购物历史记录，全过程获得无缝体验。

移动商务的重要性还体现在它可以让您更无缝地"加入"客户旅程，并减少在各种场所付款时的瓶颈。星巴克最近在中国的经历就是一个很好的例子。

星巴克是一家自实施"保持社交距离"政策以来在新冠疫情大流行中受到严重打击的公司。在后疫情世界里，它制订了针对中国市场的计划。它已经采取了许多卓越的行动，给我们带来启发，也让我们可以预测世界其他地方的情况可能会如何发展。

在撰写本文时，98% 的中国星巴克门店已重新开业，但与疫情前情况略有不同。在过去十年左右的时间里，星巴克认识到数字化在其整体旅程中的重要性，并且随着它进入发展的新阶段，数字化现在正在带来红利。

其首席执行官凯文·约翰逊 (Kevin Johnson) 表示："传统上，我们 80% 的业务都在咖啡馆享用饮品上。随着新冠疫情的暴发，我们数字订单的交易达到峰值，占总交易额的 80%。这些数字订单都是在 Mobile Order&Pay 中接收的（顾客以非接触的方式进入咖啡馆），然后剩下的就是交付。我们看到的是，中国的打包订单比例更高，我们预计这一趋势将继续。如果说疫情有什么好处的话，那么我认为它正在使中国形成一种新习惯，你会看到越来越多的人接受外卖并习惯这样做。"

随着星巴克遵守中国的健康规程，这似乎将在未来一段时间内成为常态。

从星巴克中国的经验中可以学到什么？好吧，物理位置或商店的角色很可能会在寻求"在这吃"（店内消费）和"带走"（外卖）两者之间平衡的过程中不断变化。然而，客户使用技术来增强整体体验的方式也许才是最有价值的情报。数字化将贯穿从预订到（在许多情况下）交付的整个过程。对许多严重依赖面对面来提供服务的企业来说，这是一个重大转变。

最后，由于我们越来越多地发现人们会相互付款，因此在消费者对消费者的商务环境中的移动应用程序也非常重要。从英国的 Barclays Pingit[①] 到肯尼亚的 M-Pesa[②]，有一系列应用程序和移动解决方案可用于此种情况。

①这是巴克莱银行的手机银行业务。——译者注
②这是一款移动钱包产品，考虑到当地的实际情况，甚至可以用非智能手机进行转账等业务。——译者注

第 11 章

社交销售的
艺术

接 下来，我们将通过一个三阶段流程探讨您在进行社交销售活动时需要
采取的实际步骤以及需要考虑的消费者心理，如图 11–1 所示。

第1阶段
建立您的社会声誉

第2阶段
在社交媒体上接近潜在客户

第3阶段
走向销售

图 11-1　社交销售的三个阶段

前面我们讨论了在销售过程中消费者心理从本质上讲是不断变化的。今天，
大多数的购买决策过程是在没有与任何人接触的情况下完成的，这可能不足为奇。
因此，为了回应这种变化，品牌需要通过使用社交媒体等数字渠道寻找、吸引和
教育新的潜在客户，这一过程称为社交销售。

第 1 阶段　建立您的社会声誉

在进行任何形式的社交销售之前，您都需要建立自己在各个社交媒体平台上

的声誉和形象。事情显然是这样，但对于认真对待您的潜在客户，他们需要认为您是可信的、知识渊博的、经验丰富的，还应该是他们可以学习的对象，而不仅仅是想卖东西给他们的人。此外，还需要一个元素——熟悉。熟悉感来自共同的联系、兴趣或联系人。这可以通过定期发布内容来实现，这些内容会将您定位为思想领袖，并通过社交媒体促进与他人的互动，您的潜在客户一定会看到甚至参与其中。

图 11-2 是一个建立社会声誉的模型，供您参考。

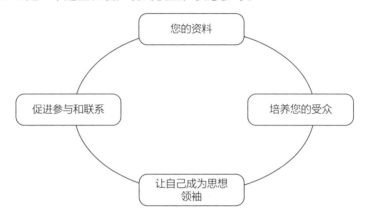

图 11-2　社会声誉建立模型

您的资料

这就像您的个人着陆页面，是您建立声誉的最重要的元素和机会。开发此页面的一个很好的技巧是通过目标客户的视角来看待它，并考虑他们想了解您和您的业务的哪些方面。他们会寻找有关您的专业知识、专业精神以及他们与您的共同点的线索。

以下是一些需要考虑的基本事项：

● 清晰、专业的头像。

● 通俗易懂的职业称呼。

● 您的技能、专业知识以及您如何为他们增加价值的概述。

- 联系信息。

- 列举并证明您以前的工作。

- 最新的教育和工作经历概述。

- 您所参与的俱乐部、大学、组织和协会的列表。

此外，还有一些需要考虑的高级技巧，见图 11-3。

要有独特的品牌理念，让您脱颖而出。例如，一位杰出的文案撰稿人约翰·埃斯普兰（John Esprian）说他成功的关键是他的品牌理念标语：无情的技术文案撰稿人。他说，在与新的潜在客户打交道时，"无情"这个词几乎总是被提到	在大多数社交媒体平台（如领英、脸书和Instagram）的精选版块上，确保您的成就、演讲或显示您作为行业思想领袖的内容保持最新状态
对于潜在客户可能认识的知名人士，尽量获得他们的认可，鼓励他们推荐并给予证明	在领英等平台上，让人们查看您的个人资料的一个简单技巧是查看他们的个人资料，这样您就会出现在他们的"已查看个人资料"列表中，这使他们更有可能查看您的个人资料

图 11-3　个人资料呈现所需高级技巧

培养您的受众

建立您的声誉的一个关键方法是您要认识行业中的其他专家或知名人士，而实现这一目标的一种方法是建立您的人脉和关注者群体。请使用图 11-4 中的模型——我称之为"影响圈"——来考虑您应该与之建立联系的人。

大多数人没有意识到，您拥有的人脉越多，关注的有影响力的人越多，您就可以利用越多的信息、洞察力和机会让自己变得更加可信和知名。此外，这也开启了您与这些人进行公开对话的能力，从而培养更深层次的关系，并通过这种联系提高您自己的社会声誉。

图 11-5 中是一些积累受众的关键方法。

图 11-4 影响圈

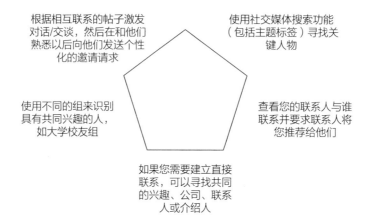

图 11-5 积累受众的关键方法

让自己成为思想领袖

建立您的社会声誉需要您将自己定位为思想领袖。要实现这一目标，您需要在社交媒体上积极主动，并不断发布引人入胜且信息丰富的内容。随着时间的推移，您在专业领域会开始得到认可，人们会在需要时主动找您。这时，您和潜在客户之间就会产生一种截然不同的互动方式，因为您在主场拥有更多的心理力量，而不是反过来处于客场。

您可以使用我们在第 6 章中讨论的许多内容生成技术来开发和安排内容。请考虑如何"创建"和"策划"内容，前者是您自己创建和拥有的内容，后者是您分享的第三方内容。

然而，仅仅分享内容是不够的。为了从中获得最大价值，您需要优化您的方法以最大限度地扩大您的影响力。每个社交媒体平台都使用某种算法来确定您的帖子的覆盖范围以及发给谁看，因此在这方面需要考虑以下几点：

- 当您发帖时，算法会将其发送给一小部分人，以评估吸引力、参与度和互动程度。通常，第一个小时对于确定帖子的后续轨迹是最重要的，因此在此期间您其实要追求最大的参与度。

- 怎么能提高参与度呢？了解发布内容的最佳时间，以及将帖子发送给谁会提高参与度，并持续与点赞、评论和分享您的内容的人互动，尤其是在最初的一个小时内要积极互动。

- 一旦帖子在第一波获得了一定的参与度，它就会通过您的联系人发送给更多的观众。在这个阶段，您的帖子可能会获得最大的曝光率，因为您的联系人会参与其中，这将会让他们的联系人也看到帖子。您应对这种放大效应的方式对于扩大您自己的影响圈至关重要：

  - 怎么能提高这种参与度呢？回应每一条评论，特别是如果您看到有在您的关系网之外的人发表的评论，请一定用心经营与他们的对话。

  - 如果您认为帖子与某人相关，您可以通过标记他们来把他们带入对话。请标记您认识的具有高影响力的人，因为在某种程度上信息流中的每个人都会知道您与他们有关联。

- 在接下来的几天里，该帖子将继续自然地增长，并影响到您关系网以外的人。请继续通过参与互动来推动增长覆盖范围。以下是实现这一目标的几种方法：
  - ➢ 评论每一次互动并提出开放性问题，以便其他人可以做出回应。
  - ➢ 培养与新人脉的关系，并在适当的时候向他们发送个性化的邀请请求。他们会成为您人脉网络的一部分，因此您的帖子将来会更容易被扩展到他们的网络中。

以这种方式提高社会声誉的关键是要有耐心、毅力和奉献精神。人们通常会过早放弃，因为几周内他们几乎看不到回报。您需要克服急功近利的心态，因为建立任何声誉都需要很长时间。例如，葛兰特·卡尔登（Grant Cardone）在销售行业中享有盛誉，他说他制作了 1.2 万个视频才达成目前的成就。

促进参与和联系

在上一节中，我们讨论了您定期主动发布内容以成为思想领袖的作用。这似乎是建立社会声誉的更吸引人的一面。但毫无疑问，建立声誉的另一面也很重要，那就是积极参与您的人际关系的社交活动。

一旦您坚定地支持您联系人发布的内容，您会建立良好的意愿、信任并积极表明您想在他们关心的事情上提供帮助。此外，无论您的联系人是多么经验丰富的内容创作者，他们还是会对自己的帖子表现如何感到紧张，因此，作为他们的拥护者，他们是不会忽视您的。

有趣的是，这样做还有生物学原因。世界著名作家兼演说家西蒙·斯内克（Simon Sinek）表示，当有人在社交媒体上发帖并收到回复时，他会释放一种叫作多巴胺的化学物质——这会让他们感到快乐。因此，您的潜在客户会渐渐开始将您与他们的幸福水平提升联系起来。

与您自己的内容类似，您还可以通过创建公开对话，鼓励您的联系人加入对话来回应其他联系人的帖子，以此扩展您的关系网络。不要忘记，一旦您与网络以外的任何人产生了互动，您就可以向他们发送个性化的邀请请求。

图 11-6 中有一些额外的提示需要注意。

留意关键影响者或决策者的帖子，并确保您快速回复这些帖子	尝试找出那些没有多少点赞/评论的帖子，并对其进行回复，这样您的回复就会很突出
分享来自您的联系人的有用见解，这将为您的受众增加价值，并使联系人感受到重视——这是真正的双赢	发送连接邀请时记下针对个人的笔记，供您后续参考您与联系人的共同点和您联系他们的理由

图 11-6 促进参与和联系的提示

第 2 阶段：在社交媒体上接近潜在客户

今天，社交媒体平台使您能够使用直接消息（DM）功能[①]直接联系您的联系人，甚至是您联系人之外的某些人。不言而喻，为了提升积极回应的概率，您最好利用前一阶段的指导，培养较高的社会声誉。人们经常在此过程中过早地尝试使用 DM 功能，因为他们在追求立竿见影的结果。抵制这种诱惑并记住这条基本规则："客户不会在您需要时购买，他们会在他们需要时购买。"这意味着通过不断地用直接消息来填充他们的收件箱的话，您只会对自己的社会声誉造成更大的损害。

为了说明这一点，以下是人们在领英上发送的一些真实消息示例：

示例 1：您好，能与您做朋友是我的荣幸。一切都好吗？

示例 2：您好，我想问您几个问题。您的项目是否经常错过最后期限？您的生产成本是不是太高了？您想获得越来越高的利润率吗？我们愿意通过分配 8 个工时的高技能人员来为您提供免费的定制设计。

5 天后没有回应：只是为了让您知道我们是一家信息图表设计公司。我们希望为您提供 8 个熟练工时来处理您的任何项目。请告诉我们您希望我们何时开始。

示例 3：您好，我可以问您一些事情吗？我目前正在寻找一些需要帮助的公司，比如无力处理某些较大 IT 问题的公司。如果您知道任何这样的公司并推荐我，那就太好了。

---

① 直接消息功能类似于国内平台的私信功能。——译者注

所有这些消息都完全没有理解它们在另一端将如何被感知，因此很可能根本不会得到回应，更不用说促成销售了。他们采用了一种相当典型的"撒网并祈祷"策略，很可能有数百人收到了相同的信息。实际结果是这会得到极少的回复，造成负面的品牌认知，引发意料之外的行为。这种策略会有很多负面影响，简而言之，这将产生与预期完全相反的效果。

经过仔细审视，以下是他们出错的一些原因：

- **过早自来熟**：在第一个例子中，他们想给人一种友好的印象；然而，当他们明显从未见过面时就使用"朋友"这个词，则会立即产生隔阂。

- **过于笼统**：在第二个例子中，他们使用了诸如"错过最后期限"或"获得越来越高的利润率"之类的术语，这些术语太笼统了，接收者会怀疑他们的诚信，还会猜测这条消息被发送给了多少人。

- **在他们定义的问题与公司如何解决问题之间缺乏联系**：一种常见的营销技巧是识别问题，然后找到解决方案。然而，如果提出一个笼统的问题，然后提出一个不能明显解决问题的解决方案，在接收者的脑海中反而会留下许多疑问。

- **要求最终用户采取对他们几乎没有好处的行动**：如果有人要求您推荐，很显然，您之前应该与他们合作过。否则，这看起来就是假的。

所有这些例子都是缺乏创造力或个性化的代表。

现在您已经认识到了常犯的错误和需要避免的陷阱，图11-7是在社交媒体上营销时要考虑的三步模型。

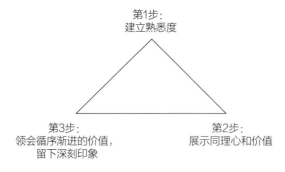

图 11-7　社交媒体营销三步模型

第1步：建立熟悉度

我们在前一阶段已经讨论过建立熟悉度的必要性，这无疑是接近潜在客户的起点。下面是一个非常简单的指南：

一是被看到在多处出现：在一系列相关媒体渠道上能看到您可能非常有用，之后您可以通过自己的社交媒体工具进一步放大。大师杰伊·谢蒂（Jay Shetty）出现在美国艾伦秀（Ellen Show）等流行电视节目中就是一个很好的例子。该节目也被上传到 YouTube 上，然后他在所有社交媒体渠道中都用到了这个节目。

二是被看到与名人同现：另一个产生熟悉感的好方法是您与其他有影响力的人一同出现，这样你们就会产生联系。不但如此，您也同时可以通过在帖子中标记他们，从而进入他们的网络。这些类型的合作伙伴关系非常普遍，一个很好的例子是加里威（Gary Vee）①的节目，他在节目中采访了一些优秀、杰出的嘉宾，如乔·洛根（Joe Rogen）。

三是被视为专家：最后，您要被视为专家并在某些事情上分享您的观点。实现这一目标的一个好方法是使用线下技巧来进一步推动您的在线形象。例如，在行业会议上发言并随后与相关人员建立联系，这是激发人脉的好方法，之后还可以在社交媒体上跟进。

第2步：展示同理心和价值

当对自己已经建立的良好社会声誉感到满意时，您可以采取下一步行动，即在您的联系人网络中进行直接对话／私聊。请记住，其他人很可能也会这样做。那么您如何脱颖而出并让人们想要回复您呢？

您需要有足够的同理心，并以个人的方式接近他们，让他们觉得您了解他们的情况、问题和挑战，因此您是能够帮助他们解决问题的最佳人选。这将创造某种情感联系，有助于吸引他们关注您要说的话。

然而，要实现同理心，需要耐心。请记住：这更可能是按照他们的条件来

---

① 加里威是一名美国网络名人、畅销书作家，也开通了微博账号。——译者注

的，而不是您自己的。这也可能意味着当您向他们发送消息时，您不会提及与您的产品或服务有关的任何事情——而是以开放的心态关心您可以帮助他们解决的问题。

同时，您需要向他们证明您的价值，这是一个理性的证明点。您可以通过赋予他们对信息的访问权限或其他方式来实现，这样可以让他们尝试您可以带给他们的产品或服务。

在考虑如何最好地培养同理心并展示您的价值时，您可以使用以下简单框架：

- **对象**：不要采用笼统的、通用的定位方法，就像您在上面的示例中看到的那样。相反，质量胜于数量，所以慢慢来，真正研究您想联系的人。通过他们发布的内容或其他形式（如文章、采访和视频）了解他们的情况。此外，尝试在情感层面与他们建立联系，以便您了解他们对什么有热情，并将这种情感融入信息中。

- **时机**：记住黄金法则：尝试在他们有需要的时候以恰当的时机出现，而不是相反。您可以通过新闻通稿等方式做到这一点，或者关注他们在社交媒体上发布的具有特定要求的内容。时机就是一切。

- **产品**：有合适的解决方案来满足潜在客户的需求是一回事，但让他们相信它会奏效又是另一回事。因此，让他们有机会"先试后买"肯定会有所帮助，而且大多数人很可能会继续保留他们试用的产品。我们有多种方法可以实现这一目标，如免费增值模式，您可以让客户免费使用解决方案的某些部分，或者在一定时期内免费使用所有功能。您需要决定哪种方法适合您的受众。

- **方式**：您的方法和信息越个性化越好。因此，在制作信息时请认真考虑这一点。请记住：一条精心设计的信息（至少）胜过十条普通信息。

通常，由于重要人物收到的消息数量众多，即使您采用真诚且个性化的方法，它也可能会被忽略，因为我们已经习惯于过滤来自陌生人的消息。因此，解决此问题的一个好方法是找到共同好友并要求他们介绍。这样您就不再是一个陌生人，而且他们更有可能在相互联系的情况下做出回应。

第3步：领会循序渐进的价值，留下深刻印象

您可能听说过一句古老的英语谚语——"慢慢地，慢慢地，抓住猴子"，意思是您需要采取缓慢的步骤来实现您的最终目标。通常，在社交媒体上，要求很容易变得非常笼统，并提出一些超出您与潜在客户关系的要求（例如，如我们在上面的示例中看到的，要求推荐大型 IT 项目）。认识到信任是随着时间的推移而建立起来的，这一点很重要。如果您进展太快，人们将不会回应，因为他们在很大程度上会规避风险。

图 11-8 中是您可以请求的一些较小步骤的示例，这些步骤可能会产生更富有成效的结果。

要求打一次 15 分钟的电话，以便您解释更多	获取他们的电子邮件地址，以便向他们发送更多信息
就某事寻求他们的指导或建议	就您与客户可能共同关心的事情提出个人问题

图 11-8　请求中的小步骤示例

一旦建立了关系，您就获得了许可，能进一步提出要求。事实上，这与被称为本杰明·富兰克林效应的行为科学理论相关联。它很反直觉地揭示了人们在帮了您一个忙之后会更喜欢您。此外，如果他们以前帮过您一个忙，他们更有可能在以后提供更多帮助。

最后，由于收件箱每天都充满了数百条消息，因此很容易出现的情况是，人们会阅读您的消息，但即使是与他们相关的消息，也可能被其他事情耽误。他们虽然会想回头再看，但事实上他们不会。因此，避免这种情况的最佳方法是双重保险。

首先，在他们的脑海中持续存在。例如，我们讨论了创建精彩内容并在社交媒体上不断分享的必要性。这意味着人们将不断被提醒您能提供的服务。

其次是要尝试在社交媒体平台之外与他们进行对话，如通过电子邮件甚至

WhatsApp[①]。这样，您就自动将自己与其他人区分开来。如果需要，您比其他人更有可能出现在他们的"快速拨号"联系人中。

第3阶段：走向销售

在上一步的最后一部分中，您在与潜在客户互动时非常小心地采用了循序渐进的方法——这已经为您赢得了一些信任。下一步是将他们转换为客户。有趣的是，如上所述，在这个阶段，您应该将对话从社交媒体转移到另一种形式的交流上。为什么呢？好吧，请思考一下这样一个事实，即您的潜在客户每天都会在他们的社交渠道上收到很多条消息。在该社交渠道上与他们接触的次数越多，您越容易泯然众人。通过从社交媒体转移到其他渠道，您已经在潜在客户心目中获得了"首选"地位。

想要使销售取得成果，则需要考虑图 11-9 中的三个阶段。

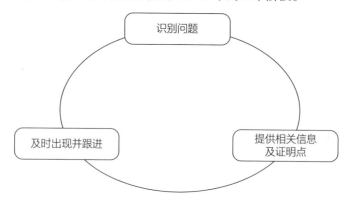

图 11-9　取得销售成果所需的三个阶段

识别问题

首先要花时间了解他们面临的问题。您可以通过探访电话、一起喝咖啡或视

---

① WhatsApp 是一款类似于微信的即时通信应用。——译者注

频会议来做到这一点。现在提出您的解决方案还为时过早，尽管向客户发送有关您是谁以及您的公司是做什么的等信息演示文稿并没有什么坏处。我强烈建议使用可跟踪的演示软件，如 Slidebean，这样您就可以知道谁查看了演示文稿以及他们在哪张幻灯片上花费的时间最多。这将让您深入了解决策者是谁（您随后可以在社交媒体上与谁联系），以及他们认为最有吸引力的产品是哪些。

此外，在此阶段，请确保与您接触的每个人都在社交媒体上有联系。这将使您向更多的决策者敞开大门，他们将看到您的内容，而您被定位为专家。此外，如果交流没有进一步进行，至少您下次还保持在他们脑海中。

提供相关信息及证明点

第二件事是根据他们的需求提供相关信息和证明点。在这个阶段，您可以通过将他们引导到一系列社会证明点来充分利用您的社会声誉，如图 11-10 所示。

在社交媒体上发布的与他们相关的案例研究	您在社交媒体上拥有的报告和演示文稿
社交媒体页面上的客户推荐视频	通过他们的社交联系人推荐咨询对象

图 11-10 社会证明点示例

显然，您可以通过更安全的渠道将任何机密信息发送给他们，但在文档或演示文稿中，请确保您链接回您的社交渠道，如上所述。

通过使用这种技术，您可以向潜在客户表明您的透明度，这非常重要。此外，在这个阶段，他们很可能会对您和您的公司进行更深入的研究。通过将他们引导到您控制的页面，您就可以控制叙事并以最好的方式呈现自己。他们也可能会看到共同的联系人，因此可能会向他们寻求关于您的信息，这对您是有利的。

及时出现并跟进

第三个方面是建立开放的沟通渠道，并根据当前的机会不断跟进——即使没有成功，依然要保持联系以备不时之需。

保持社交媒体内外的沟通渠道畅通的方法有很多。从社交媒体的角度来看，关键是从平台向他们发送一条消息，这样信息就会出现在他们的收件箱顶部，这样做的目的仅仅是让他们知道可以通过这个渠道联系到您。

最后，无论是短期还是长期，跟进都非常重要。使用 Hootsuite 等自动化工具，您可以安排与潜在客户定期联系的时间。同时，您可以放心地知道，他们与您有联系，并且他们将不断看到您在社交媒体上提出的重要见解，这将加强你在他们脑海中的印象。

第 12 章

制定影响者
营销策略

在本章中，您将了解影响者营销①为您的品牌带来的各种互动、挑战和机遇，以及如何驾驭这种营销。我们将介绍如何创建适合您品牌的影响者营销策略以及需要注意的事项。

影响者营销无疑是新出现的现象，并且是增长最快的营销领域之一，到 2023 年价值将达到约 150 亿美元。影响者营销受到社交媒体、虚拟世界和电脑游戏等新媒体渠道兴起的推动，这些领域中的关键人物能够产生大量的社区追随者，从而变得"有影响力"。

该领域的核心是观众对这些影响者的信任，这种信任使他们能够塑造人们对某些产品、服务和境况的思考、感受和行为方式。这种影响非常强大，所以顶级影响者像大卫·爱登堡（David Attenborough）在 4 个小时内获得了 100 万个 Instagram 追随者，凯莉·詹娜（Kylie Jenner）每篇帖子的报酬据报道约为 100 万美元。然而，不仅主流影响者获得了令人难以置信的增长，在很多利基②领域，预计到 2023 年观众将超过 5 亿。例如电子竞技领域等，其本质就是观看别人玩

---

① 影响者营销（influencer marketing）又被译作网红营销、红人营销等。——译者注

② 利基（niche）是指针对企业的优势细分出来的市场，这个市场不大，而且没有得到令人满意的服务。——译者注

虚拟游戏。该领域的顶级影响者，如彼得·达格（Peter Dager），据说已赚取超过 300 万美元并积累了超过 20 万名追随者。

重要的是，我们可以看到影响者在推动持续营销趋势方面发挥着极其重要的作用。与其选择一年几次的大规模活动，品牌更需要不断地与它们的受众互动，有时甚至每天通过社交内容互动 10 次。通过传统途径达到这种质量水平的互动是不可能的，因为太昂贵且耗时。然而，假如品牌利用影响者开发微内容，就会有助于以具有成本效益的方式创建大量内容，这些内容可以发布在品牌页面和影响者页面上。这样的机会为您的品牌提供了用新鲜的、相关的、令人兴奋的内容来不断吸引受众参与的能力，同时还可以通过您的影响者的网络找到新的受众。

影响者营销策略

创建影响者营销策略需要考虑五个步骤，如图 12-1 所示。

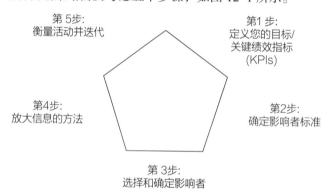

图 12-1　创建影响者营销策略的五个步骤

好的，让我们逐个讨论。

第 1 步：定义您的目标 / 关键绩效指标

在真正尝试寻找合适的影响者进行合作之前，您需要阐明您这样做的目的。这可能包括尝试接触某影响者的受众，或者您可能需要寻找品牌大使以某种方式来支持您的品牌或事业。一定要认识到，影响者可以为他们的追随者增加重要的价值。

您还必须非常清楚，影响者会谨慎选择合作对象和推广内容，因为影响者的声誉是靠追随者对他们的信任建立起来的。因此，您必须考虑适合这些影响者的战略。

考虑到要与某影响者合作，以下是您需要考虑的一系列具体目标。请思考图 12-2 中的每一个目标并圈出最符合您的品牌的那些目标。

图 12-2　影响者营销的具体目标

此外，我建议您考虑为什么影响者想要与您的品牌合作。从他们的角度来看，考虑他们如何利用您具备的一些能力来发展和加强他们与受众的关系。请在下面写下您对此的看法。

第 2 步: 确定影响者标准

在决定您希望哪些影响者参与您的活动之前, 您有必要制定一些标准来对他们进行基准测试, 请考虑图 12-3 中的几点。

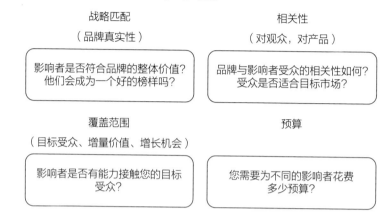

图 12-3　对影响者进行基准测试的标准

请使用图 12-4 中的模板来确定您认为合适的影响者类型。

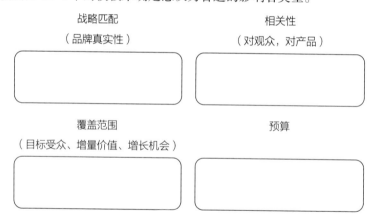

图 12-4　对影响者进行基准测试的标准空白模板

现在您已经确定了自己的标准, 您还需要了解不同类型的影响者。影响者千姿百态, 影响者的类型在很大程度上取决于他们为自己创造的利基市场。

影响者大致分为图 12-5 中所示的三种。

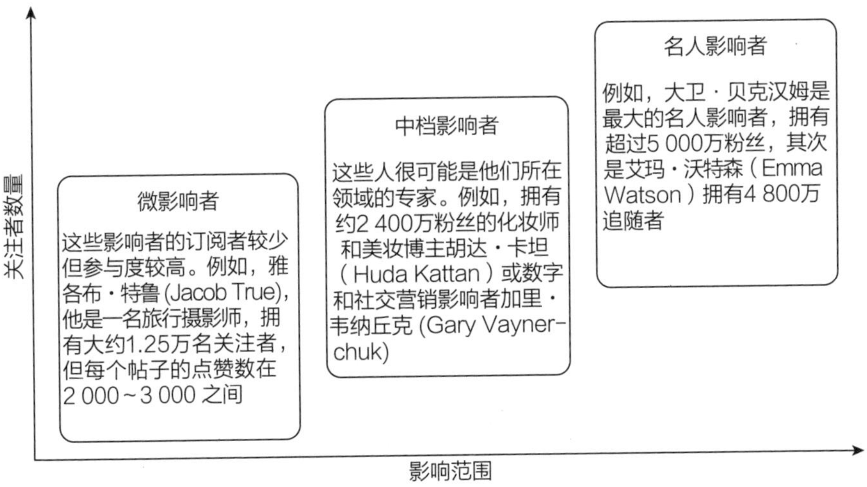

图 12-5　影响者的三种类型

　　值得了解的是，在考虑不同的影响者时，通常需要权衡数量 / 价值——更关注帖子的参与度 / 发帖量，还是更关注每个帖子的覆盖范围。

　　一方面，选择拥有大量追随者的影响者将确保您获得非常大的覆盖范围。另一方面，追随者较少的影响者很可能与他们的粉丝有更亲密、更信任的联系，因为他们可以与每个人有更高水平的互动。

　　我们必须认识到数量和参与度之间的反比关系，因为影响者拥有的追随者越多，按百分比计算，每个帖子的参与度可能就越低。《广告周刊》（*AdWeek*）的研究表明：

- 受众少于 1000 名的影响者的参与率通常在 15% 左右。这意味着一个拥有 1000 名参与粉丝的人可能会在每个帖子上获得 150 个赞。

- 拥有 1000 ~ 9999 名追随者的影响者的参与率通常约为 7.4%。这意味着一个拥有 2000 粉丝的人也可能在每个帖子中获得大约 150 个赞。当一个人拥有超过 10 万名粉丝时，参与率下降至仅 2.4%，这意味着他们每个帖子可能只能获得 2400 个赞。

考虑到数量 / 价值之间的权衡，请写下您的看法以及您认为最适合您的品牌与活动的影响者类型。

第 3 步: 选择和确定影响者

到目前为止，您应该对可能适合您品牌的影响者的标准和类型有了很好的了解。不过，您还需要确定符合您标准的个人候选名单。图 12-6 中是一个简单的流程，供您参考。

图 12-6　选择和确定影响者候选名单的流程

寻找合适的影响者

为了找到合适的影响者，您应该自己进行研究和调查。您也可以聘请代理机构来帮助您完成选拔过程，但无论如何，您也应当自己做些功课。

识别关键影响者的方法有很多，其中中档影响者和名人影响者可能更容易识别。但是，请记住价值 / 数量的权衡以及价值 / 数量需要与您的品牌相适应的事实。我建议执行图 12-7 中的操作。

此外，寻求建议或委托代理机构代表您进行选择也是值得的。

您需要解决的另一个大问题是，影响者花钱买关注者的情况越发常见，他们购买机器人或僵尸账户粉丝以扩大他们的影响力。

问题是您如何能发现一个影响者使用虚假的关注者还是有真正的关注者。答案其实很简单。真正的关注者将与有影响力的人进行真正的互动，而虚假的关注者要么没有互动，要么只有非常肤浅的互动。

图12-7　权衡价值／数量可采用的操作

图 12-8 是一个清单，您可以使用它来评估关注者是否真实。

参与率	首先要跟踪参与度而不是关注者数量
参与类型	确定参与的来源，如果经常是无法识别的群体，那就可能是机器人粉丝或互推群体 (pod)
关注者位置	通常影响者在他们所在的特定地区有关注者，如果他们的大多数关注者都在其他地方，则值得进一步调查
关注者增长	使用 https://socialblade.com/ 查看影响者如何获得关注者。不寻常的尖峰应该引起怀疑

图12-8　评估关注者真实性清单

接近影响者

您可以通过多种方式接近影响者，这些方式往往分为两类：直接和间接。

直接的途径是您通过社交媒体识别影响者，可能是在您看过他们的帖子并开始关注他们一段时间后。您可以直接与他们联系，看看他们是否有兴趣与您合作。

或者，您可以使用几个有影响力的机构或平台，如 Tribe，这是一种间接方式。这种方式将使您对市场有更好的了解，并且您可以选择真正满足目标市场需求的影响者。

您还可以通过图 12-9 所示的多种方式与影响者合作，这些方式也很重要。

影响者作为内容创作者	影响者作为内容创作者和分布者	影响者作为分布者
这是指影响者成为您品牌的内容创作者并使用您的平台（而不是他们自己的平台）分发内容的情况。这是一个新兴趋势，影响者正在为客户建立"微内容代理"	这是指影响者创作内容并将其分发给他们的受众的情况	这是指影响者充当分发渠道的情况，即内容并非他们创作但会影响其受众

图 12-9　与影响者合作的方式

越来越多的公司选择使用影响者作为微内容创作者（如引言中所讨论的）。因此，与其考虑他们的受众规模，公司更感兴趣的是他们制作的内容的质量。请记住，影响者非常了解他们的受众，因为他们的受众可能与您的受众一致，他们可以洞察什么有效什么无效。因此，他们可以成为重要的长期战略合作伙伴，您可以通过多种方式对他们加以利用。

请写下您对影响者提供的服务类型的看法，包括战略指导、覆盖范围和内容。

与影响者谈判

值得注意的是，影响者通常通过图 12-10 中所示的方式获得报酬。

为影响者创建的每个帖子付费	为影响者创造的每次点击、转化或社交媒体印象付费	免费产品和/或体验

图 12-10　影响者获取报酬的方式

报酬的金额因影响者的类型不同而有很大差异，从名人影响者的每个帖子 100 万美元到微影响者每个帖子 20 ~ 30 美元不等。

这里有一些粗略的数据。在微影响者细分市场中，费率从每个帖子 75 美元（关注者少于 1 万人的影响者）到每个帖子超过 500 美元（关注者多于 10 万人的影响者）不等。英国乐天营销公司最近的一项研究发现，对于拥有超过 100 万粉丝的名人，营销人员会为其提及某品牌的单个帖子支付高达 7.5 万英镑的费用。

因此，您可以看到定价模式的差异非常大，这对营销人员来说是一个相当难以预测的环境。然而，影响者通常愿意提供他们的服务以换取其他无形资产，如可以帮助他们实现所需的曝光和与品牌的关联。

因此，作为谈判过程的一部分，我会建议您考虑通过为影响者增加价值的形式提供报酬，这不一定会花费您更多的金钱。

最后，有趣的是，随着模式的发展，某些平台（例如 Tribe）使得品牌与影响者合作的风险更低。例如，您可以让影响者实际创建营销示例，并且只有在您采用示例时他们才能获得报酬。

现在让我们继续看看如何衡量您的影响者营销活动。

第 4 步：放大信息的方法

在此阶段，您需要选择要合作的影响者。您要确保为您的品牌产生最大的影响范围。

以下是一些值得考虑的技巧：

● 对您的内容进行创意处理——它越突出，就越有可能吸引人们的注意力。

- 使用最新的工具（例如 YouTube 的 Short 和 Instagram Reels）定期、持续地发帖。

- 主题标签——使用大约五个，因为这有助于人们搜索您的帖子。

- 将重点转移到您的关注者身上——请他们为您创建内容。

- 通过讨论和竞赛提升参与度。

- 与其他有影响力的人保持联系。

- 在 Insta Advertising 等平台上投放广告。

- 使用地理标记。

- 使用正确的关键词，查看谷歌趋势、Google Keyword Traffic Estimator、谷歌关键词规划师或使用 UberSuggest。确保您的视频标题中具有有针对性的关键词（尤其是在标题的开头）。

- 使用与其他热门视频相同的标签，这样您就可以成为推荐视频。

第 5 步：衡量活动并迭代

最具争议和争论的领域之一是如何衡量影响者营销活动的投资回报。因此，为了避免在衡量影响上出现问题，从一开始就应该采用衡量技巧。

让我们考虑四种可用于衡量影响者营销活动的技巧。

技巧 1：通过关注者、发布展示和推荐流量了解广告系列覆盖范围

要检查影响者的影响力，请测量图 12-11 中的关键绩效指标。

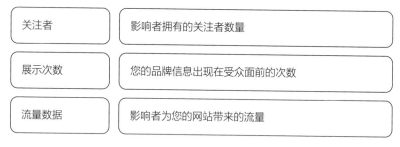

图 12-11　影响者影响力的关键绩效指标

技巧 2：通过点击、点赞、反应和分享来衡量活动参与度

要衡量影响者为您的品牌带来的参与度，请跟踪图 12-12 中的参与活动。

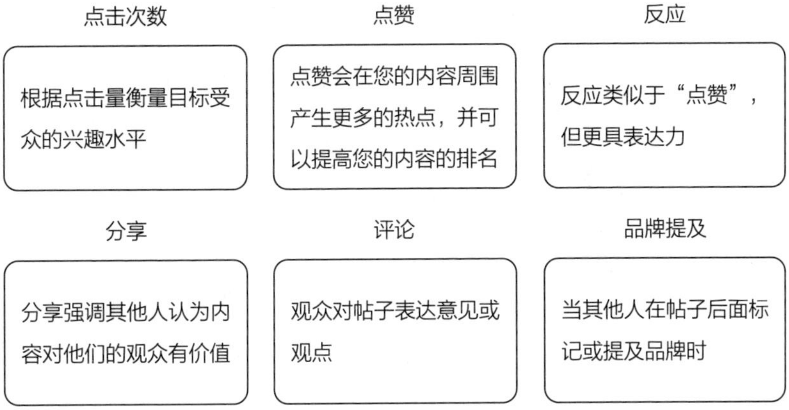

点击次数

根据点击量衡量目标受众的兴趣水平

点赞

点赞会在您的内容周围产生更多的热点，并可以提高您的内容的排名

反应

反应类似于"点赞"，但更具表达力

分享

分享强调其他人认为内容对他们的观众有价值

评论

观众对帖子表达意见或观点

品牌提及

当其他人在帖子后面标记或提及品牌时

图 12-12　衡量活动参与度需关注的活动

技巧 3：通过谷歌分析的收购概览报告量化社交线索

这是一种能够确定影响者营销活动的投资回报率（ROI）的技术。您可以使用谷歌分析来做到这一点。在您的谷歌分析仪表盘中，转到 Acquisition，然后点击 Overview 查看您的流量渠道。接下来，在流量渠道列表（社交、自然搜索）中，单击社交(Social)。这将使您了解您的 Instagram 或脸书策略是否有了更好的效果。只要您的影响者能够在一个平台上吸引流量，那就有力地表明他们的内容也在为您的网站带来流量。

技巧 4：通过 UTM 参数来分析销售来源

这里有三种直接措施可以根据您的影响者活动衡量销售转化率。请在图 12-13 中圈出您将使用哪一种来跟踪您的广告系列。

---

① UTM 是一套标准的跟踪渠道流量的参数，可以通过它来跟踪访问网站的流量来自哪些渠道、哪些媒介等。通常做法是在原网址后添加一些参数来实现。——译者注

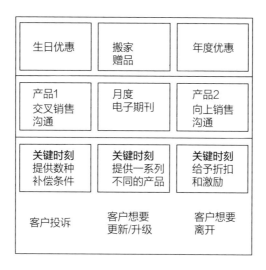

生日优惠	搬家 赠品	年度优惠
产品1 交叉销售 沟通	月度 电子期刊	产品2 向上销售 沟通
关键时刻 提供数种 补偿条件	**关键时刻** 提供一系列 不同的产品	**关键时刻** 给予折扣 和激励
客户投诉	客户想要 更新/升级	客户想要 离开

图 12-13　衡量影响者活动销售转化率的三种措施

4

第四部分

**如何提高客户
参与度**

第13章

制定客户关系
管理办法

现在，我们来看看您如何使用各种客户关系管理（CRM）技术来初步了解您的客户，然后使用电子邮件、即时消息甚至视频消息等工具实施一系列主动活动和被动活动，使其保持在客户脑海中，满足其不断变化的需求并最大限度地提高衍生价值。为了帮您的品牌实现这一目标，您可以利用下面的框架，该框架由我们将要讨论的 CRM 关键四问题模型组成，如图 13-1 所示。

关键四问题模型

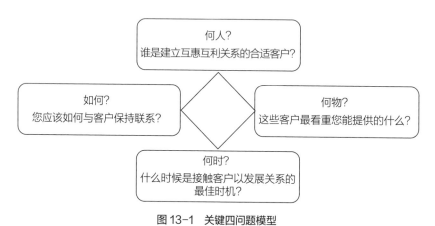

图 13-1 关键四问题模型

毫无疑问，您会听到这样的说法："卖给现有客户比卖给新客户更便宜。"在许多情况下，这当然是正确的，但还不足以解释与客户建立牢固互利关系的重要性。通常，公司依靠长期发展的能力和发展这些关系的能力来盈利。

以购买保险的典型示例为例。除了产品质量本身，制定吸引新客户的价格可能还会考虑以下因素：

- 努力在市场上击败竞争对手以吸引新客户。

- 计入获取客户的成本，如营销支出。

- 考虑为客户服务的平均预期成本。

- 能够向客户向上销售① （up-sell）更高的套餐或让客户购买更多产品。

- 能够在多年内留住客户以分摊获取成本。

鉴于竞争程度，在标准保单的第一年，获取和服务客户的总成本很可能与收取的保费大致相同，甚至更高。因此，让客户逐渐购买更多产品并保持多年关系的能力并不是"锦上添花"，而是为了使企业盈利而必不可少的。从剃须刀片到公用事业，这一点在多个行业中普遍适用。

无论在哪个行业，CRM 关注的技术都是培养客户关系、满足公司不断变化的需求。传统上，不同行业实现这一目标的方式截然不同，从高度关注重复购买的快速消费品行业，到专注于在续费时阻止损耗或流失的电信等服务行业。然而，越来越多的行业都开始采用更偏向数据为导向的方法，并开始在客户旅程的每个阶段与客户建立直接关系。

让我们开始讨论关键四问题模型。

何人？

在制定您的 CRM 办法时，您需要做的第一件事是确定需要关注的客户类型。在这个阶段，您要确定那些会为您带来价值的客户，并确定为他们提供服务的最佳成本，同时保持高水平的满意度。

---

① 向上销售指根据既有客户过去的消费喜好，提供更高价值的产品或服务，刺激客户进行更多的消费。——译者注

请记住，您不必从所有客户那里获得相同的利润，也不必给予每位客户相同的待遇。以航空公司的经验为例：为了经营一家盈利的航空公司，您需要从经济舱到头等舱乘客等广泛的客户。他们同时到达目的地，但基于他们给您的价值不同，他们获得的服务体验也完全不同。这在所有企业中的运行方式都相同，尽管结果并不总是那么明显。

为此，您需要平衡图 13-2 中所示的两种观点。

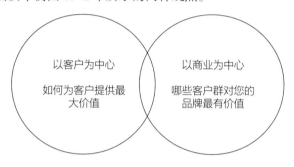

以客户为中心
如何为客户提供最大价值

以商业为中心
哪些客户群对您的品牌最有价值

图 13-2　以客户 / 商业为中心

重要的是，在您现有的客户群中，有一些客户对您来说比其他客户更有价值，这是不可避免的。要使 CRM 办法有效地发挥作用，识别这些价值差异非常重要。这将使您能够做出更明智的决定，即相较于其他客户群，您可以花多少钱来获取、服务和留住某些客户群。

为此，您需要了解不同客户的客户生命周期价值（CLV）。这指的是您在与客户关系的整个生命周期内从该客户那里获得的总收入和利润。

亚马逊及其 Prime 会员就是一个很好的例子。分析师估计，Prime 会员客户的"终身价值"为 2283 美元，而非会员客户的"终身价值"为 916 美元。有了这些信息，亚马逊会在培养 Prime 会员客户和非 Prime 会员客户上做出截然不同的决定，更不用说，它会努力将更多客户转换为 Prime 会员。

同样，您需要开发类似的客户价值分析来确定不同的价值细分，这样您就可以实施稳健的 CRM 策略，以不同方式增加其价值。让我们看看如何做到这一点。

影响您的客户生命周期价值模型的因素有很多。这些因素对环境的依赖性很强，超出了本书的范围。因此，出于说明的需要，我会使用多个行业标准都有的两个常见因素来从收入角度对客户生命周期价值进行估计：产品购买的频率 / 数量和留存客户的时间。结合这两个因素，我们可以将您的所有客户分为三个部分：低价值、中价值和高价值。您在低价值部分中看到，我将其进一步细分为低潜力和高潜力，因为您有能力发展其中一些客户，而另外的客户几乎没有发展的潜力，如图 13-3 所示。

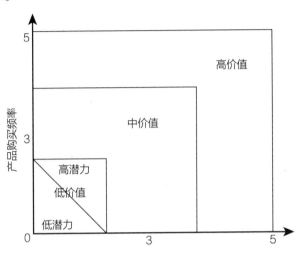

图 13-3　客户生命周期价值细分模型

图 13-4 是关于不同类型客户的重要概括特征。

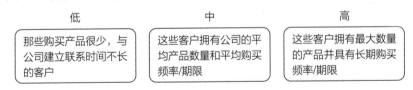

图 13-4　不同类型客户的概括特征

现在已经确定了客户群，您可以采取一些非常切实的行动了。

首先是确定您打算如何增加每个细分市场的价值。例如，将您的中价值客户转变为高价值客户（就像亚马逊将更多非 Prime 会员客户转变为 Prime 会员客户一样），如图 13-5 所示。

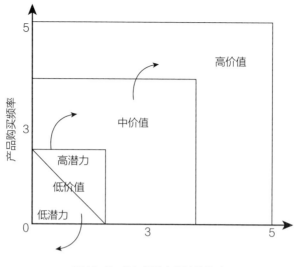

图 13-5　增加细分市场价值策略

　　您会注意到其中包含多种客户价值策略，这些策略指导您可以如何将每个细分市场的价值实现最大化。您可以在此处采用四种客户价值策略，如图 13-6 所示。

剥离

某些客户群体被认为无利可图且未来不太可能有所变化，因此最好从投资组合中删除。如果选择"防御性"策略，这会是降低成本的第一步

交叉销售

这种情况是指您可以让客户从您的产品组合中购买更多相关产品

向上销售

这种情况是指您可以让客户与您一起"升级"他们现有的产品

建立忠诚度

到了这一步，客户群会为公司提供其所能提供的所有价值，因此关键战略是培养他们，以便尽可能长时间地保留他们

图 13-6　四种客户价值策略

　　其次是通过了解每个细分市场的盈利水平，确定如何以盈利的方式发展与每个细分市场的关系。例如，航空公司会知道他们可以在服务上花费多少，比如经济舱与头等舱乘客花费就不同。为此，您需要确定为每个群体提供服务的创收水平和成本。这会使您了解每个群体的毛利率，然后可以采取更多战略决策来确定在增加每个群体的价值时，您希望进行多少跟进投资。图 13-7 是一个示例。

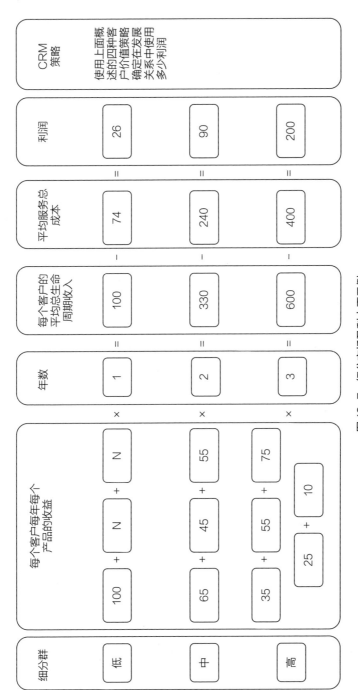

图13-7 细分市场盈利水平示例

这里有一个简单的公式值得记住：客户拥有的产品越多，他们会越有"黏性"或忠诚度越高。因此，这就是为什么通过提升在中低价值细分市场中产品购买频率，您很可能会增加客户与您保持关系的时间。在高价值细分市场中，在很大程度上，客户可能从您那里购买的产品数量已经饱和了，因此需要尽一切可能（在合理范围内）长时间地保留他们。

图 13-8 是一个空白模板，供您用于自己的品牌。

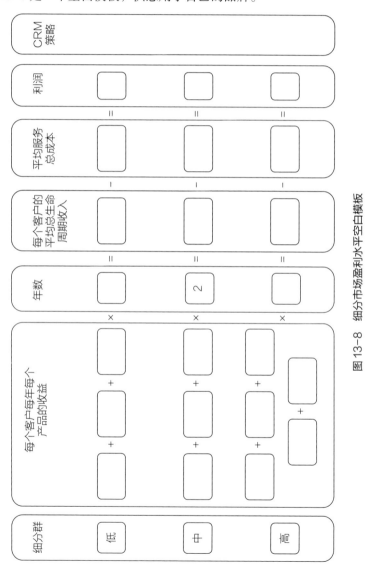

图 13-8　细分市场盈利水平空白模板

现在请在图 13-9 中写下您将如何逐一使用上述四种客户价值策略来最大化您的客户价值。

图 13-9　四种客户价值策略记录

现在让我们继续确定您要使用什么来增加每个细分市场的价值，并看看我们可以使用数据了解关于这些细分市场的哪些信息。

何物？

到目前为止，您已经了解了如何确定客户价值，并考虑在不同细分市场上使用不同的客户价值策略来发展这些关系。现在，为了向客户提供有价值的东西，您需要确定最能引起他们共鸣的产品、促销和优惠的类型。

毫无疑问，您听说过一系列从人口统计、地理、态度和生活阶段对客户进行细分的方法，所有这些无疑都非常重要，并且通常作为了解客户偏好的起点。然而，所有人都受到这样一个事实的困扰，即他们能概括客户的特点，却无法解释他们所处的动态变化的环境。

好消息是 CRM 技术已经变得越来越精密。这些技术使用数据驱动的方法来了解单个客户的行为，然后考虑客户情况和背景，以适当报价和解决方案做出实时回应。渐渐地，这些方法在本质上会变得更加个性化。您可以使用 Personyze 等工具来实现此目的。它的工作方式如图 13-10 所示。

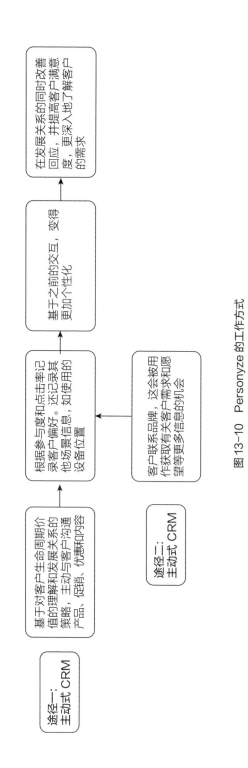

图13-10 Personyze的工作方式

途径一：
主动式CRM

基于对客户生命周期价值的理解和发展关系的策略，主动与客户沟通产品、促销、优惠和内容

根据参与度和点击率记录客户偏好。还记录其他场景信息，如使用的设备景位置

基于之前的交互，变得更加个性化

在发展关系的同时改善回应，并提高客户满意度，更深入地了解客户的需求

途径二：
主动式CRM

客户联系品牌，这会被用作获取有关客户需求和愿望等更多信息的机会

您需要考虑三个关键部分来设计行为 CRM 办法，如图 13-11 所示。

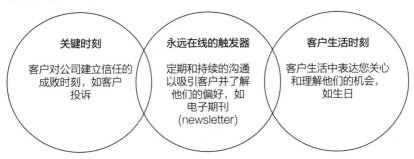

图 13-11　设计行为 CRM 办法的三个关键部分

图 13-12 是所有这些元素要如何组合在一起的示例。确定提供什么的关键是：在一开始时保证产品和服务范围的广泛性，确保您在客户生命价值范围内并与您的客户价值策略保持一致。通过使用数据，您可以根据客户选择的产品、优惠和内容类型来识别客户的行为偏好。

当您慢慢开始为他们提供不同的产品、优惠和内容时，您可以根据他们点击和选择的内容发现他们的行为模式。这样您就可以在下次为他们提供更量身定制和个性化的服务。

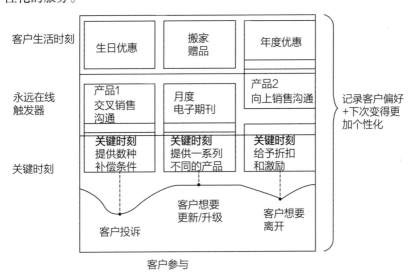

图 13-12　组合 CRM 元素提供个性化服务示例

图 13-13 中是各个部分与您的 CRM 计划相关的一些示例。

关键时刻	永远在线触发器	客户生活时刻
· 顾客投诉 · 针对他们的服务更新 · 客户联系时回复 · 续订/续费时刻	· 交叉销售通讯 · 向上销售通讯 · 每月电子期刊	· 生日 · 周年纪念日 · 生活事件，如生孩子 或搬家

图 13-13　CRM 计划各部分示例

使用图 13-14 中的模板来确定您要在 CRM 方法中使用的行为触发器的类型。

关键时刻	永远在线触发器	客户生活时刻

图 13-14　CRM 计划各部分空白模板

图 13-15 是一个空白模板，您可以使用它来填写您的产品和优惠，作为您了解有关客户偏好信息的第一步。

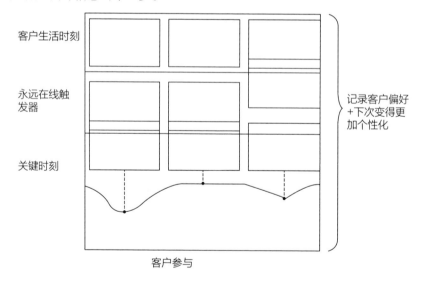

图 13-15　组合 CRM 元素提供个性化服务空白模板

现在让我们继续确定联系客户的合适时间。

何时？

在适当的时间向您的客户发送信息当然是一门艺术。许多研究都会告诉您什么时候是接触客户的最佳时间，但又都略有不同。要真正深入了解这一点，您需要将您的沟通分为三个方面，如图13-16所示。

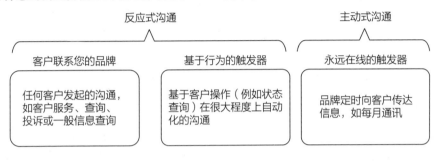

图13-16　客户沟通的三个方面

让我们依次来看看。

反应式沟通：客户联系您的品牌

在这种情况下，要优先考虑来自客户的沟通，这一点很重要。现在的客户希望全天候可以联系到公司，并希望在短时间内得到回应（甚至在几分钟内要得到回应）。这可能会给您的品牌带来挑战，尤其是在国际销售时，还需要得到跨时区的支持。

在这些情况下，无论是通过自动电话渠道还是您的网站，使用技术来辅助客户服务流程和无缝交付的流程都是有益的。这些即时类通信越个性化越好。

Drift 或 Intercom 提供的聊天机器人是很棒且越来越有效的工具。聊天机器人克服了客户等待处理时的挫败感，客户可以不再填写表格，也不用再等 24 ~ 48 小时了。

它是一个先进的网站实时聊天工具。与客户聊天的另一端不是人类客服，而是使用人工智能或 AI 为客户提供最佳答案，并可以实时回复他们。它非常独特，当它意识到某问题对机器人来说无法回答时，可以随时切换到人类客服。更棒的是，由于它使用机器学习，下次有人问同样的问题时，它就会有准备好的答案。

反应式沟通：基于行为的触发器

这些通常是自动化的或者是基于某些客户交互而触发的沟通。在这些沟通中，即时性非常重要，因为客户刚刚完成了您认为重要或相关的特定操作，无论是服务还是营销沟通，都要马上跟进。

主动沟通：永远在线的触发器

这些类型的沟通是指您的品牌主动向客户发送沟通信息，从新闻通讯到交叉销售或向上销售沟通不等。向您的客户发送这些沟通信息的最佳时间取决于几个因素，包括：

- 沟通类型——是服务通知、交叉销售沟通还是月度通讯？
- 沟通渠道——是电子邮件还是短信？
- 节假日等季节性因素。
- 客户的个人日程。
- 与客户的阶段关系——他们会续期吗？
- 客户的背景——当收到信息时，客户在哪里？

当您将所有这些因素结合起来考虑时，就没有了向客户发送主动沟通信息的最佳时机。相反，您要寻找在总体水平上将打开率和点击率最大化的最佳时间。

为此，您需要创建一个测试体系来确定最适合您的客户的方法。表 13-1 是您可以使用的模板。

表 13-1 确定打开率和点击率最佳时间模板

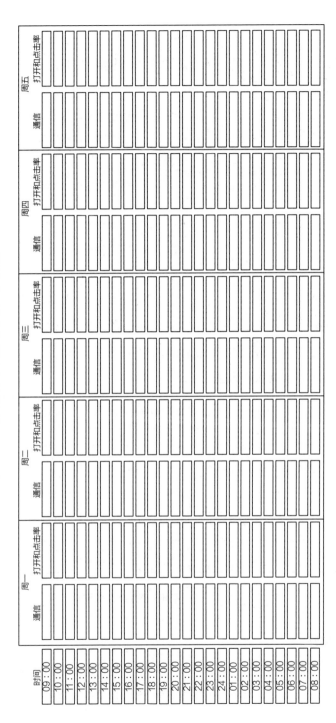

如何?

开发 CRM 办法的最后一部分是考虑如何与客户沟通——即通过哪些渠道。如今,您可以通过多种渠道联系您的客户,从电子邮件到即时消息,您需要确定哪些渠道最适合您的客户群。这里有两个关键的因素要考虑,如图 13-17 所示。

图 13-17　与客户沟通的两个关键因素

内容适当性

有些渠道比其他渠道更适合特定的沟通信息。此外,某些渠道具有更好的即时效果,可用于紧迫的、具有保密性质的沟通和必要行动。

图 13-18 可帮助您评估这一点。

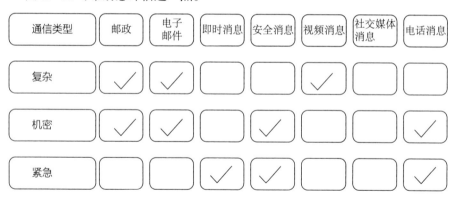

图 13-18　不同渠道内容的适当性

客户偏好

同时,您需要确保仅以客户希望的方式与客户进行交流。通常,在关系开始阶段即让客户注册时,您的品牌需要询问客户的渠道偏好。您还必须允许您的客户随时更改这些偏好，做到这一点很重要。这不仅可以在您的品牌和客户之间建立更大的信任，还可以确保您以合适的方式与客户建立关系。

维护所有客户的联系偏好可能非常具有挑战性，因此使用自动化 CRM 工具通常更加便利，如 Salesforce 或 Active Campaigns。

预测分析

到目前为止，通过使用 CRM 您不仅加强了客户的体验，同时还为您的品牌增加了价值。在此过程中，您还应该收集有关您的客户价值、产品和内容偏好、行为以及最佳沟通时间和渠道等信息。当结合所有这些信息时，您可以建立一个非常准确的客户图景，在总体上预测客户可能的行动和未来的需求。

图 13-19 是一些对您有用的方面。

下一步最佳行动	客户环境的变化	客户流失
预测客户下一次可能对什么有兴趣/下一次购买什么	预测客户生活中可能引发新需求的某些变化	预测表明客户可能会离开您的品牌的某些行为

图 13-19　对客户预测分析可考虑因素

使用 Teradata 或 Personyze 等一系列工具来培养您在预测分析上的能力非常重要。

亚马逊提供了一个很好的例子，说明了它如何基于最近浏览和购买历史，使用"下一步最佳行动"预测分析来确定客户可能还喜欢什么，并会实时提供或在后续的 CRM 中向他们提供购买建议。此外，这些预测在提供优惠、促销甚至奖励时也有帮助，因为这些产品更适应客户未来可能的需求。

许可和规定

在数据存储、处理以及如何使用这些数据方面，法规是您需要考虑的一个越来越重要的因素。在世界不同地区阅读本书的您可能需要遵守不同的规定，尽管这些规定之间有许多共同点。这些规定旨在保护个人及其隐私，确保您遵守这些规定，这不单是一项法律要求，还会带来更大的信任。

在整个欧盟（EU）中，《通用数据保护条例》或 GDPR 已经生效。该条例管理着欧盟公民数据的处理方式。即使在欧盟之外，这个条例也适用。对数据处理不当的处罚很高，最高罚款为 2000 万欧元或上一年全球年度总营业额的 4%，以较高者为准。

《通用数据保护条例》有七个必须遵守的关键原则，如图 13-20 所示。

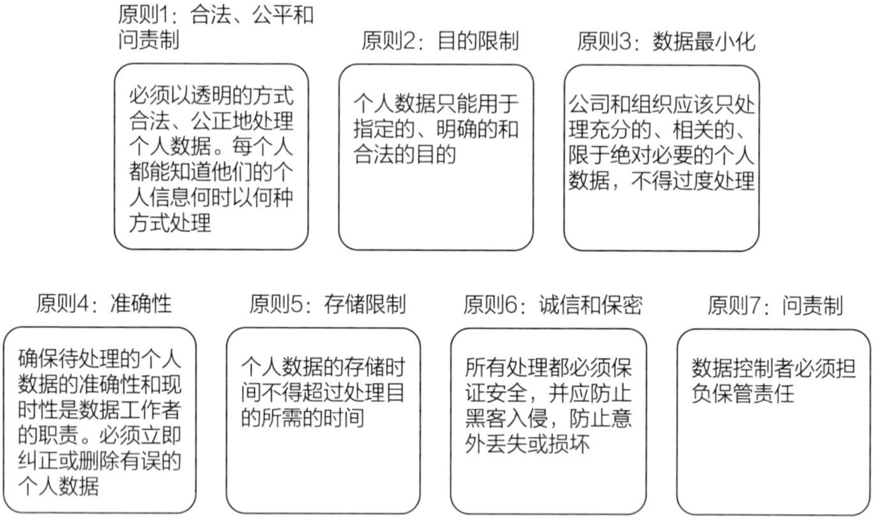

原则1：合法、公平和问责制

必须以透明的方式合法、公正地处理个人数据。每个人都能知道他们的个人信息何时以何种方式处理

原则2：目的限制

个人数据只能用于指定的、明确的和合法的目的

原则3：数据最小化

公司和组织应该只处理充分的、相关的、限于绝对必要的个人数据，不得过度处理

原则4：准确性

确保待处理的个人数据的准确性和现时性是数据工作者的职责。必须立即纠正或删除有误的个人数据

原则5：存储限制

个人数据的存储时间不得超过处理目的所需的时间

原则6：诚信和保密

所有处理都必须保证安全，并应防止黑客入侵，防止意外丢失或损坏

原则7：问责制

数据控制者必须担负保管责任

图 13-20 《通用数据保护条例》七大关键原则

如需更详细的指导，可以访问 ICO 网站。

第 14 章

智能手机营销
的力量

现在，我们将仔细研究智能手机营销为您和您的品牌带来的机会，以此来吸引您的受众并进行跨市场扩张。我们将使用图 14-1 中的方法，对您在智能手机这一渠道上营销和宣传的各种方法进行研究。

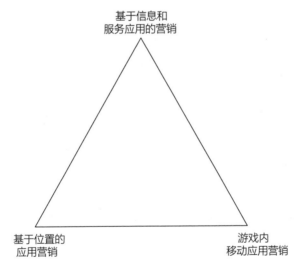

图 14-1　智能手机营销方法

我们平均每天在移动设备上花费大约三个小时，对这一点您可能不会感到惊讶。当您查看年轻人口的统计数据时，这个时长还会增加。这表明这种以移动设备为中心的世界趋势是确定无疑的，并可能随着时间的推移而增强。

但也许更有趣的是这些设备的使用方式，最流行的方式是：

- 社交媒体
- 音乐
- 游戏
- 购物

此外，值得我们注意的是，人们把绝大多数时间都花在了智能手机应用程序上(想想脸书、亚马逊或 Spotify 应用程序)，而不是网络浏览器上。然而，有趣的是，实际上人们总的来说，会更频繁地使用网络浏览器，只是每次的使用时间较短。

在许多方面，智能手机营销是营销人员的终极先锋，它使营销人员能够以个性化的方式接触世界各地的新受众，特别是传统营销渠道难以触及的地方。某些应用程序甚至可以基于人工智能确定用户的心情！这显然有两个主要的推动因素。第一是移动设备的普及率，如今超过 70% 的世界人口使用移动电话。第二是经济且高速的移动数据，这些数据在全球分布不均。例如，印度 1GB 数据的成本是 0.09 美元，是世界上最便宜的。相比之下，百慕大是最昂贵的地方之一，1GB 数据的价格接近 29 美元。此外，随着 5G 变得更加普及，潜在的移动营销也将显著增加。

还有第三个要素需要考虑：移动社交媒体营销。但由于它同样适用于其他设备，我已经在其他章节中介绍过（参见第 7、8、9 章）。值得注意的是，大部分移动营销包含本书中涵盖的许多其他营销元素，因此我不会重复这些要点，而是将您引导至相关章节以了解更多信息。

基于信息和服务应用的营销

正如我们所指出的，大多数人在手机上花费的时间都用在信息和服务应用程序上，因此这个渠道提供了最大的营销机会。有两种方法可以实现这一点，如图 14-2 所示。

自有应用程序资产	通过其他第三方应用程序进行通信
能够通过您自己的应用程序向您的客户推销	将通信放在大多数人花费时间的其他第三方应用程序中

图 14-2　信息和服务应用营销的两种方式

自有应用程序资产

您可以使用各种用户体验和 CRM 技术，通过自己的应用程序向客户进行营销（分别参见第 15 章和第 13 章）。

此外，还要考虑许多特定渠道，这些特定渠道可以通过您的应用程序最大限度地提高移动营销的有效性。

第一个是推送通知的能力。这些通知可以是相关信息，甚至是时间敏感的促销。例如，Deliveroo 经常在有限的时间内为其客户提供优惠交易。

第二个是您可以创设"奖励忠诚"版块。奖励可以通过使用您的应用程序进行兑换，从而存储有关客户购买习惯的有趣洞察和信息。例如，Pret[1] 在英国推出了一项行业首创的咖啡订阅服务，订阅者每天可以在应用程序上最多订购五杯咖啡，由应用程序监管。该应用程序记录了客户订购咖啡的时间、下单店铺以及频率等数据。

第三是您可以创建引人入胜的内容并专门用于某些数字资产空间，以提高某些产品和服务的知名度。您可以使用网幅（banner[2]）、弹出窗口和文字广告来展示内容。在特定时刻，这些甚至可以根据用户所在场景动态调整，无论当您的用户是处于某个位置（对此我们会有更多讨论），还是处于应用内旅程的某个节点或一天中的某个时间。

最后，鉴于 Siri 和 Alexa 等声控命令的兴起，很可能会有更多人将这项技术

---

[1] Pret 全称 Pret A Manger，是一家英国连锁快餐店，提供咖啡等食物。——译者注

[2] banner 意为横幅或旗帜，可以理解为网站页面或应用程序中的横幅广告，也可以理解为游行活动时用的旗帜，还可以是报纸杂志上的大标题。——译者注

用于搜索和购物等任务。在您的应用程序中利用这一点将变得越来越重要。您甚至可以构建 Alexa Skills[①]并将其集成到您的应用程序中。

请写下您对可以采用哪些方式的想法。

通过其他第三方应用程序进行通信

为了通过其他第三方应用程序进行交流，您可以使用许多广告网络或交易平台（很像我们在第 9 章中讨论的程序化广告）。在移动世界中，许多广告网络会有所不同，具体取决于您是要在 iOS（苹果操作系统）还是安卓上的应用中做广告。有些广告网络也能同时满足这两种系统的要求，如图 14-3 所示。

AdColony	Admob	Airpush
借助 AdColony，发布商可以在使用期间在应用内展示视频广告。深受游戏开发者欢迎，可在关卡之间展示广告	为谷歌所有，可让您使用四种类型的广告： · 网幅广告 · 视频广告 · 原生广告 · 全页插播式广告	提供多达 12 种不同的广告格式，其中一些包括： · 推送通知 · 视频广告 · 重叠式广告 · 富媒体广告 · 点击后着陆页广告 · 应用内网幅广告

图 14-3　移动广告网络示例

请调查每个广告网络并圈出您认为最适合您的品牌的网络。这些广告网络使您能够以高度具有针对性的方式在其他应用程序上投放广告。除了这些交易平台，您还可以通过脸书和 Instagram 等主流社交媒体平台使用社交媒体移动广告。我

---

① Alexa Skills 是亚马逊声音识别服务，用户可以调用该服务来实现语音识别功能。——译者注

们已经在第 8 章中介绍了这些是如何运作的，因此请参阅第 8 章以更详细地了解定位选项。

另一个非常相关的趋势是播客营销的兴起。收听播客的人数正在增加。IAB[①]表示仅在英国每周就有大约 800 万人收听播客。这为将您的品牌信息整合到该渠道（无论是在播客中还是在其周边）创造了重要的机会。它的运作方式与上述广告网络相同，Podscribe 等平台允许您创建跨越各种播客且高度情境化的营销机会。

请写下您认为与您的品牌最相关的广告格式类型——网幅广告、视频广告等。

游戏内移动应用营销

下一个营销方式是通过游戏内移动应用营销。事实上，电子竞技和手机游戏近年来有了相当大的增长，特别是由于虚拟和增强现实游戏的兴起以及 5G 带来的更快的数据传播速度。这使得通过该平台营销您的品牌成为重要领域，使您能够以创造性的方式接触新受众。我们有许多具体的机会可以实现这一目标。

第一个是围绕游戏体验做广告的能力。例如，在游戏下方或游戏加载期间。您可以通过使用上述广告交易平台来做到这一点。

第二个是手机游戏中的产品植入。它允许人们经常性地以一种机巧但有效的方式与您的品牌互动。例如，您可以在游戏体验中创建测验、网幅或其他动画，您的用户可以选择与之互动，并为用户的积极反应提供巧妙的提示、线索和奖励。这种技术在更沉浸式的体验中越来越受欢迎，如虚拟现实游戏，玩家可以使用真

---

① IAB(Interactive Advertising Bureau) 即互联网广告署，是支持网络业务流程的开发标准和准则的行业团体。通过对网络广告的收入进行跟踪，按季度发布调查报告。——译者注

钱在游戏中购买物品——就像他们在现实世界中一样。

第三个是当真正的主要玩家成为影响者后，您可以与他们合作进行产品代言或其他促销活动（有关详细信息，请参阅第 12 章）。

最后，您有可以创建混合游戏体验，结合增强现实来游戏化离线体验。例如，宝可梦 GO（Pokemon Go）就是一个很好的例子。您可以将现实世界与游戏体验相结合。使用这种技术，您可以通过让人们更多地了解您的产品和服务来制造轰动效应，比如在现实环境中在您的手机上使用 AR 来获取积分和奖品。

基于位置的应用营销

我们在第 8 章和第 9 章中讨论了基于位置的营销的优点和一些技术。但是，在智能手机营销的背景下，值得重新讨论其影响受众的能力。

在移动设备中使用全球卫星定位系统 (GPS)，您可以根据某人所在的位置（例如在商店附近，在他们同意的情况下甚至能定位到商店内的某个区域）提供信息和通信服务。为了帮助说明，让我们以咖啡店为背景使用客户旅程分析框架来展示我们如何以这种方式利用移动营销。让我们将旅程分为如图 14-4 所示的三个阶段。

吸引顾客到咖啡店 → 店内互动和旅程 → 售后

图 14-4　基于位置的应用营销三阶段

吸引客户到咖啡店

在第一阶段，您需要吸引客户进入咖啡店。当他们靠近店铺时，使用基于位置的信息，您可以：

- 当他们靠近咖啡店时，向他们的应用发送推送通知：

> ➤ 限时优惠

> ➤ 当天特价

> ➤ 在菜单中突出显示先前订单

- 邀请他们在应用程序上预订和付款，这样他们就无须等待取餐。例如，星巴克允许人们通过他们的应用程序实现这一点。

- 突出立即购买的好处和奖励，使其更具吸引力，让他们想要进店。

店内互动和旅程

在第二阶段，您可以使用信标等基于位置的营销工具来确定某人在商店中的位置，从而确定他们可能感兴趣的商品类型。您可以通过以下多种方式最大限度地利用这一机会：

- 让您的客户在进入咖啡店时"签到"。

- 根据客户在商店的位置发送特定商品的通知。

- 对客户可能感兴趣的商品提供免费建议。

- 使用应用程序中的菜单和二维码直接从餐桌上订购，记录他们的就餐餐桌。

- 使用增强现实技术来呈现更多关于商品的营养信息。

- 借助二维码或其他技术，人们可以使用该应用程序自行付款，这意味着他们不必排队——Amazon Go[①] 没有结账过程，允许客户将东西添加到他们的购物篮中，然后直接出门，费用通过应用程序扣除。

售后

在最后阶段，您可以在客户离开咖啡店后使用定位工具继续与客户互动：

- 当他们通过相关区域时会收到通知，让他们与同伴兑换积分或奖励。

- 建立一个社群，让他们看到当地的其他"会员"。

---

① Amazon Go 是亚马逊推出的无人便利店，使用计算机视觉、深度学习以及传感器融合等技术，自动计算消费者购物费用，当消费者出门后自动结算，给消费者即拿即走的体验。——译者注

● 确定他们的行为和常规路线，并鼓励他们随时到访。

正如您从上面所看到的，您可以通过多种方式使用基于位置的应用营销来真正接近您的客户，并为他们增加额外的价值。请使用图14-5中的模板来确定如何在您品牌中使用此技术，考虑客户旅程的各个阶段。

吸引顾客到咖啡店　　　　店内互动和旅程　　　　售后

图 14-5　基于位置的应用营销三阶段模板

第 15 章

转化率优化和
用户体验设计

在本章中，我们将探讨在优化转化率和进行用户体验设计时需要考虑的一系列技术。我们将介绍旅程中的两个关键点，并研究如何优化每个关键点，如图 15-1 所示。

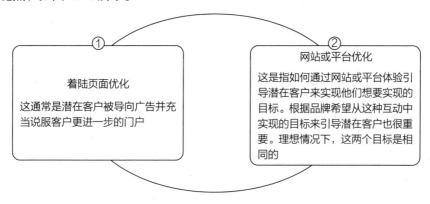

图 15-1 转化率优化和用户体验设计两大关键点

转化率优化

转化率优化（CRO）是营销中的一门学科，一旦用户点击进入您的网站就开始了。这是"推动"他们执行某些所需操作的过程，从填写表格到购买您提供的产品。它是网站或平台的整体用户体验设计的一部分，旨在为用户创造无缝体验。

在深入研究这些特定领域之前，值得注意的是，CRO 和用户体验设计的核心是两个关键学科的交叉部分，需要结合起来创建所谓的"设计思维"，如图 15-2 所示。

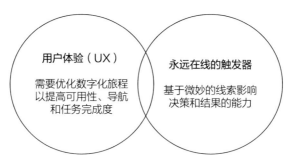

图 15-2　转化率优化和用户体验设计的结合

英国政府的行为洞察团队开发了一种方法，称为 EAST[①]（简单、有吸引力、社交、有时限）。它涵盖了用户体验和消费者心理这两个学科，在实施 CRO 和用户体验方法时十分有用。

让我们依次来看每个方面。

简单

其前提是让个人尽可能"轻松"地了解如何浏览网站并完成他们想做的任务，且只需耗用最少的认知努力。

从用户的角度考虑旅程并使其尽可能直观是有价值的。人们往往对旅程应该如何有一个先入为主的期望，您的旅程越符合这种期望，他们就会感到越自在——这就像一种证实偏差[②]。

---

① EAST 即 easy（简单）、attractive（有吸引力）、social（社交）、timely（有时限）四个英文单词的首字母缩写。EAST 作为一个单词有"东方"的含义。——译者注

② 证实偏差也译为确认偏误，是指人们总是有选择地去解释并记忆某些能够证实自己既存信念或图式的信息。——译者注

请考虑如何实现图 15-3 中的这些方面。

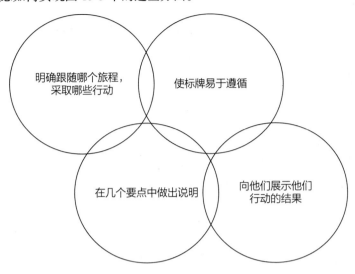

图 15-3　实现简单化的方面

有吸引力

每个页面大约有 7 秒的时间来吸引注意力，因此您只有非常短的时间来吸引并抓住想要完成任务的用户。要使体验有吸引力，重要的是展示图 15-4 中的内容。

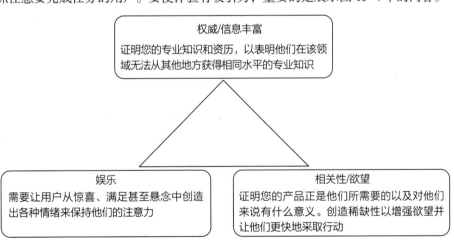

图 15-4　提升体验吸引力的内容

社交

影响观念改变的一个关键技巧是使用"您所在社团或社群中的其他人"的感受来影响个人感受，这被称为社交认证。这是一种正向强化，让人们受到有相似需求的其他人的影响，同时建立舒适和信任。

有时限

该框架的最后一部分是"使其有时限"，即考虑如何营造一种采取行动的紧迫感，并尽可能快速地完成整个旅程。此 CRO 原则的一个典型示例是 booking.com 上的帖子，鼓励客户加快做出预订的决定，因为如果他们不预订，就可能会被其他客户预订。

图 15–5 中的四个方面需要您关注。

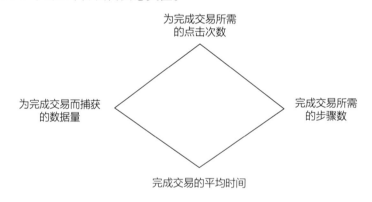

图15-5 达成"有时限"所需关注的方面

请反思 EAST 模型并写下您的笔记，说明它如何适用于您的网站或平台之旅。

着陆页

您可能会问的第一个问题是,当我可以将人们引导至我的网站时,我为什么还要费心创建一个着陆页面?答案很简单:它可以带来更好的转化,因为您可以非常具体地回应潜在客户的确切意图。相比您的主站点,您还可以更有效地细分这些页面,并为不同的受众定制参与策略。例如,某个着陆页上的优惠与另一个上的优惠各有侧重。

在创建着陆页面时,您应该采用一系列策略。图 15-6 是一个摘要。

图 15-6　创建着陆页的策略摘要

第1步:设置着陆页

着陆页按缩放比例设计

您需要做的第一件事是以既易于缩放又针对移动设备进行优化的方式创建着陆页模板。模板也必须是 SEO 友好的,以确保在与商业主张相关的搜索词中的排名靠前。您可以使用 Unbounce 等公司的模板轻松创建着陆页面。

表 15-1 是一个着陆页面的模板结构，请采用。

表 15-1　着陆页模板结构

	导航意图
H1 标题	设计、制作或创造 [关键词]
文本	使用 Canva 的免费 [关键词] 制作工具创建 [关键词]
按钮	> 开始设计您的 [关键词]
句子	让您的个人风格闪耀。为您的笔记本电脑、台式机和手机创建您的自定义 [关键词]
图片	展示理想资产的产品
H2 标题	为您的手机或电脑制作完美的 [关键词]
正文	2 段带 3 个关键词参考
号召性用语	> 打开一个新的 [关键词] 设计
标题	如何只需单击几下即可创建自定义 [关键词]
列表	创建 [关键词] 的 5 个步骤或提示
正文	2 ～ 3 段带 2 个 H1 引用关键词
手风琴效果	2 ～ 3 常见问题解答：[关键词]
引用	推荐语

基于信息和受众设置多个版本

这一点似乎很明显，但确保您的广告与着陆页相匹配很重要。无论什么诱使您的潜在客户点击您的广告，这些都必须反映在潜在客户随后看到的着陆页上。否则，他们很可能会在没有进一步关注的情况下离开。

这一点有时说起来容易做起来难，尤其是当您有多个基于多种产品的着陆页面、多种潜在客户搜索意图及服务不同市场时。例如，Canva 有 100 多个不同的着陆页面，每个页面针对不同的关键词和受众。

根据潜在客户可能的搜索意图来定制您的着陆页和 / 或关键词也很重要。这样，着陆页就会出现在搜索结果中，并且当他们点击时会感觉熟悉和相关。

表 15-2 是一个模板，您可以使用它来详细说明每个着陆页面。

表 15-2　不同着陆页面详细说明

商业主张	目标受众	链接广告	关键词	导向（网址）

单焦点

着陆页面应该有单个焦点，有一个明确的行动，即您希望您的潜在客户采取的行动。Unbounce 的奥利·加德纳（Oli Gardner）称其为"注意力比率"，意为您在页面上可以操作的数量与您希望人们操作的数量之比。例如，如果您包含两个文章链接、一个社交媒体页面和一个填写表格的操作，这是着陆页面的主要目的，实质上您已经创建了 4:1 的比率。但是，越接近 1:1，就越能确保获得最大转化，即某人完成了您希望他实现的某个操作。

为此，请考虑图 15-7 中的事项。

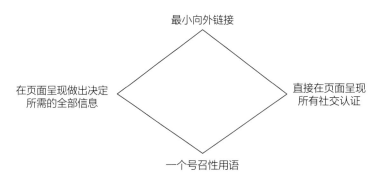

最小向外链接

在页面呈现做出决定
所需的全部信息

直接在页面呈现
所有社交认证

一个号召性用语

图 15-7　实现单焦点的措施

设计既要有一致性又要有对比性

在广告和着陆页以及着陆页和定向页面之间获得一致的外观和感觉也很重要。这会使您的受众有熟悉感并让他们平稳地过渡到其他页面。然而，通过使用引人注目且有趣的视觉效果、对比色和渐变来使您的着陆页脱颖而出也没有错。此外，您可以使用视频和 GIF 动态图片来使其更加生动。电影《野蛮游戏》（Jumanji）的着陆页面是一个很好的例子。请搜索一下看看。

我们强烈建议您构建自定义元素，这会使您的着陆页更令人难忘，并与您的品牌保持一致性。自定义元素可以是任何东西，从图像到独特的字体不等，甚至也可以是您开发文案的方式。通过更简约的方法（也许使用空白）让您的大标题更加突出，这会使人们更容易注意到您的品牌。

第 2 步：着陆页上的用户体验

创造引人入胜的游戏化体验

正如您在本章开头所了解的那样，您需要将权威性、相关性和娱乐性结合起来，以保持潜在客户的参与度。以游戏化的方式在着陆页上加入高度的交互性，这是一个实现目标的好方法。这种方法将有助于增加您的潜在客户在您的网页上花费的时间，从而增大客户执行您的号召性用语的可能性。Genially 是一个很好的平台，您可以使用其中现成的交互。另一个好方法是使用 Leadformly 之类的工具使您的数据搜集表单具有交互性。

让人相信的强大说服力

我们谈到了在您的 CRO 方法中包含社交认证的必要性，图 15–8 中有一些元素可以整合到您的着陆页中。

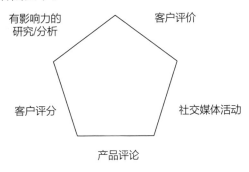

图 15-8　社交认证元素

不要表现出不专业

让着陆页看起来很专业，这一点非常重要。因此您必须特别注意从拼写到图像质量的每一个细节。此外，着陆页需要与所有屏幕尺寸和浏览器兼容。您可以使用 Browserling 轻松检查这一点。

第 3 步：创造行动

优化动机

通常，我们会设计一些希望潜在客户采取的行动，而不是考虑产出。请想想如何利用一系列认知偏差来激励他们立即采取行动。目前有两种非常流行的技术，使用这些技术可以带来更高的转化率，因此请考虑整合图 15-9 中的内容。

稀缺性的作用 紧迫性的作用

推出限量优惠，只剩下一定数量的物品，一旦卖完，就不再有了

推出限时优惠，如果他们在一段时间内不购买，将永远下架

图 15-9　动机优化技术

克服异议

一个好的着陆页应该已经考虑了通常可能会提出的异议类型，并针对这些准备好回应。图 15-10 是一些典型的问题，您可能会在这些方面遇到异议。

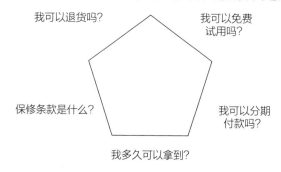

我可以退货吗？　　我可以免费试用吗？

保修条款是什么？　　我可以分期付款吗？

我多久可以拿到？

图 15-10　典型异议问题示例

直接进入相关的下一步

最后一点似乎很明显，但通过链接真正进入相关的下一页绝对是进入下一阶段的关键。很多时候，着陆页的链接会损坏或将潜在客户带到网站的主页，而实际上应该进入结账页面。每次都仔细检查这一点非常重要。最后，不要忘记对和您一起完成每一个动作的潜在客户说声谢谢——客户会注意到这一点的。

网站或平台优化

一旦您的潜在客户登录您的网站或平台，让他们感到放心和舒适，并能根据

直觉完成预期任务，做到这些至关重要。为了实现这一点，您需要使用我们将在下一章讨论的各种技术来不断迭代和测试。现在，我将重点为您提供一份清单，清单列出了您在制定此旅程时需要注意的所有关键要素。在我开始之前，如果您想分析竞争对手的设计元素和他们用来创建用户体验的不同"技术栈"[1]，请访问www.builtwith.com，在那里您可以进行相应的分析。

我将其分为图15-11中的三个方面，供您评估自己的网站或平台体验。

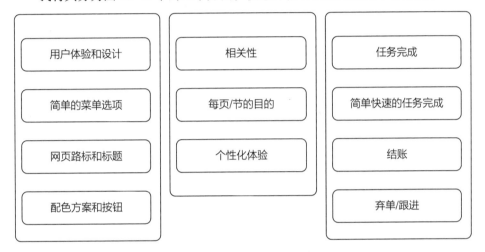

图15-11　网站 / 平台体验评估清单

用户体验和设计

最有效的网站或平台通常具有非常简洁的用户界面和设计。想想谷歌的网站。谷歌成功的关键在于，您立即知道需要在上面做的唯一重要的事情——输入您要搜索的内容，没有歧义，显而易见，直观易懂。

简单的菜单选项

为您的网站选择合适的菜单结构，这一点再怎么强调它的重要性也不为过。

---

[1] 技术栈，IT术语，某项工作或某个职位需要掌握的一系列技能组合的统称。——译者注

请记住菜单可能需要动态更改以适应不同的屏幕尺寸。它是人们在您的网站上寻找的第一要素，能让他们了解网站的内容，充当站点地图，并让人们在浏览您的网站时了解他们所处的位置。

图 15-12 里有一系列菜单选项可供选择，并告诉您什么时候用哪一项最好。

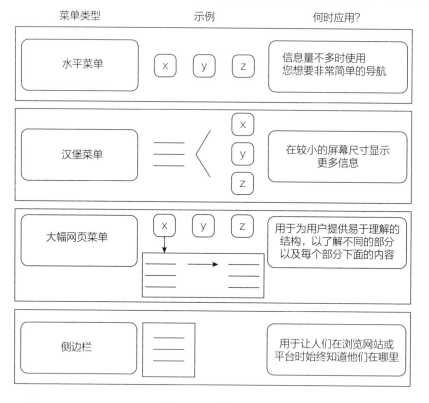

图 15-12　菜单选项

网页路标和标题

最重要的网页路标是标题。这些标题位于网站内，作为一个一个的落脚点来突出页面的内容。好的标题需要文案和设计技能的结合。图 15-13 中是创建标题时的一些关键注意事项。

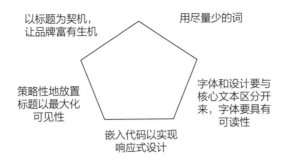

图 15-13　网页标题创建注意事项

请标示出最重要的信息和您希望人们采取的行动，这会改善人们的导航体验并提升转化率。图 15-14 是您可以使用网页路标的多种方式。

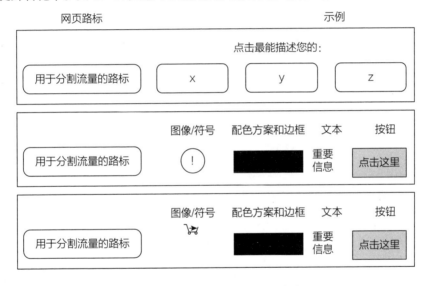

图 15-14　不同的网页路标使用方式

配色方案、相似性和按钮

区分网站不同元素的一种方法是使用配色方案来表示不同的事物。您可以通过多种配色方案来区分不同部分与产品，或突出重要信息。您需要做的第一件事是在整个网站中选择并采用与您的品牌一致的色调。

完成此操作后，请按照不同的目的分配不同的颜色。使用表 15-3 中的模板可帮助您确定如何在网站的不同部分使用不同的颜色，以帮助突出显示关键信息。

表 15-3　网页配色方案模板

颜色	部分	合理用途
深蓝	在与产品1相关的所有页面中使用	与产品1关联

在整个网站中创建相似性也很重要，这样当有人从一个元素点击到下一个元素时，导航系统运作时会有一种熟悉感和共同性。这需要在尝试区分每个元素和保持一致性之间谨慎地保持平衡，这样人们才不会感到困惑或突然离开网站。

创建人们想自动点击的按钮当然既是科学又是艺术。将人们吸引到这些按钮上，然后诱使他们点击，这可能是让他们采取行动的最重要方面。因此，按钮设计本身需要仔细考虑。这包含两个方面。

首先是按钮设计原则，如图 15-15 所示。

其次是按钮的类型，见表 15-4。

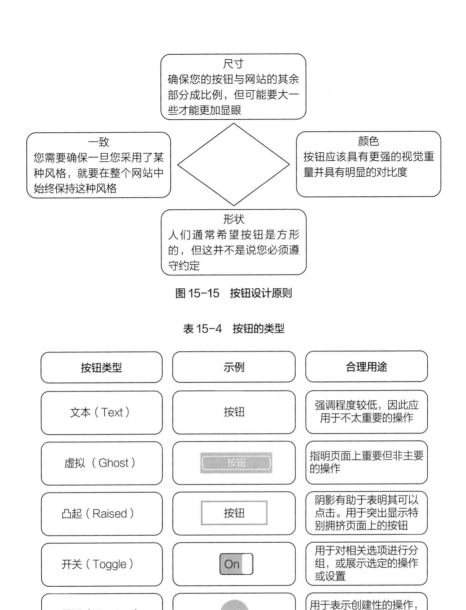

图 15-15　按钮设计原则

表 15-4　按钮的类型

按钮类型	示例	合理用途
文本（Text）	按钮	强调程度较低，因此应用于不太重要的操作
虚拟（Ghost）	按钮	指明页面上重要但非主要的操作
凸起（Raised）	按钮	阴影有助于表明其可以点击。用于突出显示特别拥挤页面上的按钮
开关（Toggle）	On	用于对相关选项进行分组，或展示选定的操作或设置
悬浮（Floating）	∨	用于表示创建性的操作，如创建新项目或共享项目

每个页面或部分的相关性和目的

将用户导航到他们可能感兴趣的相关页面，然后专注于在页面上实现其价值，这一点很重要。这可以通过使用表 15–5 中的一系列元素来实现。

表 15-5　网页元素及作用

摘要陈述	在这里，您可以对项目进行简短的陈述，包括对用户的好处。它应该清晰明确，展示出用户付出的代价所能获得的价值
信息图表	使用表格、简图和信息图表等一系列视觉效果来准确解释商业主张是什么以及它将如何使个人受益
实物说明	在这里，您可以有效地使用视频演示来生动地展示如何在真实环境中使用该产品。通过了解您的目标客户，您可以定制与他们相关的视频，以便他们了解如果他们购买了该物品将获得的好处
实例研究	让您现有的客户或用户谈论他们如何使用该产品以及它对他们有多大好处，这会鼓励其他类似的人也想尝试一下
结果	能够获得经过验证的结果。例如，通过进行研究，您可以让人们放心，该产品提供了您标明的价值

个性化体验

将上一点更进一步，不单是向其他人展示该产品的好处，如果您可以在您的网站或平台上创建一定程度的个性化来真正缩小用户要寻找的内容，您将成为赢家。此外，您还应该考虑如何自定义端到端的体验，使其更加个性化。

亚洲航空就是达到这种个性化水平的组织的一个很好的例子。如果您访问其网站，很可能的情况是没有两个客户的体验是相同的。它使用机器学习来预测您可能购买的产品、行为，甚至是您进入网站的背景。使用超过 7500 万个客户数据点，为您提供高度个性化的体验并为您优先提供最相关的产品。

举例来说，根据您的购买历史记录，如果您比较可能预订酒店而不是预订各种活动，网站将优先轮播展示酒店而不是各种活动。

没有如此广泛数据集的公司也不要绝望，因为有多种方法可以在您的客户体验中实现一定程度的个性化。以下是一些需要考虑的点：

- 要有登录部分，记录以前的交互和购买历史记录，这将使重新订购变得非常容易。
- 创建自助指南和诊断工具，如计算器或交互式调查。
- 允许用户在购买前定制产品。

简单快速的任务完成

您能越快让客户完成您希望他们完成的任务，他们完成的可能性就越大。因此，您应该尽量减少每一步的潜在障碍。图 15-16 是一项关于在英国各个机构开设银行账户所需的点击次数的有趣研究。

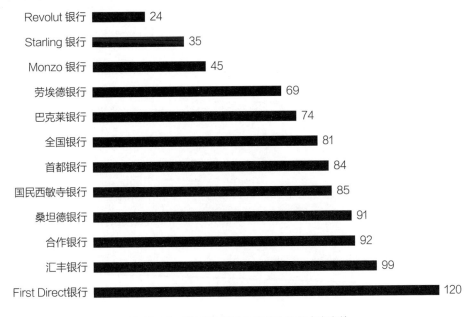

图 15-16　英国不同银行开设账户所需点击次数

以下是一些让客户更高效地完成任务的方法：

• 监控从旅程开始到结束的点击次数，并删除不必要的步骤。

• 只收集必要的信息以减少用户的麻烦。

• 不要提供太多选项或向外的链接。

• 鼓励用户继续进行交互和游戏化。

• 奖励他们靠近结果的每一步。

结账

您的潜在客户几乎就在眼前，并处于最后阶段：结账。然而，尽管如此接近，您还是需要做出努力让他们越过界限。图 15-17 中是人们在此阶段放弃购买的一些最常见原因。

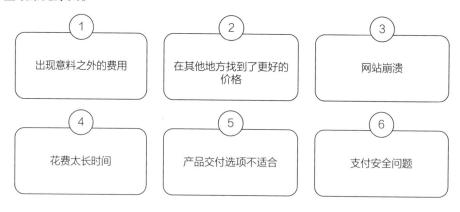

图 15-17　放弃购买常见原因

现在您了解了人们为什么不去完成付款行为，您应该采取措施来解决这些问题。您可以采取图 15-18 中的八种方法来最大限度地提高结账时的转化率。

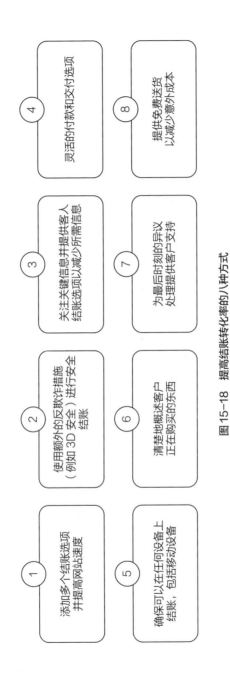

图 15-18 提高结账转化率的八种方式

弃单跟进

由于上述原因，不可避免地有些人会在最后阶段放弃完成交易。由于他们表现出如此高的购买或任务完成意图，因此当然值得尝试推动他们去完成交易。这是您可以跟进他们并鼓励其完成购物行为的重要节点。实现这一目标的方法有很多，从巧妙地提醒他们需要完成任务，到提供额外的奖励来让他们完成任务不等。例如，许多航空公司会向那些在最后一刻放弃交易的人发送一封电子邮件，承诺如果他们返回并在 24 小时内完成，会给出与竞争对手所出的同样的优惠价格。

关键是要加强产品的价值，同时让客户放心产品的质量。此外，向客户表明您对他们表示赞赏，并考虑让交易变得更愉悦一点，这可能有助于挽救客户起初拒绝付款的行为并让他们最终成功付款。

5

第五部分

如何检验您的营销
是否有效

第 16 章

衡量并改进
您的营销

在本章中，我们将研究各种指标和测量工具，用以确定您的营销工作进展情况，以便您可以不断对其进行优化。这样做将有助于做出关键决策，如根据要开展的营销活动确定营销资金的流动方向。优化分为两步：第一步，我们将研究如何评估您的品牌建设工作，第二步是评估您的销售激活[①]计划。在"营销周期"中，我们会将它们结合在一起。

广告人和"营销先驱"约翰·瓦纳梅克（John Wanamaker）曾经说："我花在广告上的钱一半都浪费了。问题是我不知道是哪一半。"您会高兴地发现要弄明白这个问题越来越容易，现在我们要使用各种指标和测量技术来衡量我们的营销活动已经越来越清晰了。

尽管我们已经在这一领域取得了进步，但许多人认为，我们对损耗[②]（我们如何尽可能地确定每个营销渠道和每个广告的表现）的过度依赖仍有其缺点。 莱斯·比奈（Les Binet）和皮特·菲尔德（Peter Field）在其名为《道长论短》（*Long and Short of it*）的精彩作品中恰如其分地说明了这一点。通常，在我们衡量营销

---

① 销售激活即转化，指潜在客户最终采取购买行动的过程。——译者注

② 损耗（attrition）一词表达的是现实与预期的差距，可用在多个场合。如 attrition rate 根据语境可理解为流失率、退学率、离职率、磨损率等。——译者注

工作的过程中，我们会转向短期工具和策略，这些工具和策略可以更快地获得投资回报，与客户的沟通联系更加直接。然而，由于我们没有参与长期营销活动，如品牌建设，因此我们会看到整体广告效果下降。鉴于前面讨论的长尾效应，要衡量长期效应更加困难。然而，正如比奈和菲尔德发现的那样，长期营销活动可能更具影响力。营销活动优化模型如图 16-1 所示。

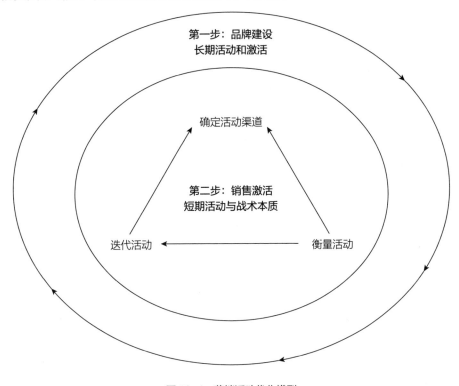

图 16-1　营销活动优化模型

图 16-2 中展示的是短期销售和品牌建设如何在销售增长中发挥作用。

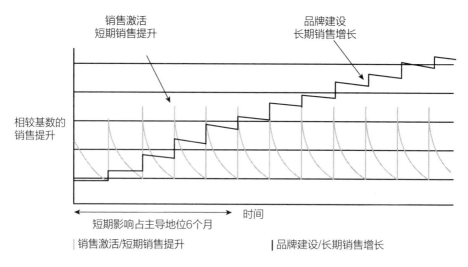

图 16-2　短期销售和品牌建设在销售增长中的作用

　　因此值得记住的是，短期的销售激活和长期的品牌建设需要共同努力，才能创造出强大的营销效果。例如，比奈和菲尔德报告说，强大的品牌从它们的激活活动中获得了更高的响应率，而开展良好激活活动的公司从它们的品牌中赚到了更多的钱。因此，在开展自己的营销活动时，关键是要认识到这不是"非此即彼"，而是"两者兼顾"的情况，要在销售激活和品牌建设这两个方面同时进行投资。

第一步：品牌建设

　　品牌建设活动使您能够实现许多不同的营销目标，包括图 16-3 中的目标。

　　为了实现这些目标，您需要制定一些指标来确定进度，这样您才能走上持续改进的道路。让我们通过一些最重要的指标来开发和迭代您的品牌建设活动。

品牌认知	始终将品牌放在脑海首位
实现更广泛的覆盖范围	对未来销售的影响

图 16-3　品牌建设可实现的营销目标

广泛的覆盖范围

在建立您的品牌时，有很多证据表明，广泛的覆盖范围是需要考虑的最重要因素之一。其中的逻辑很清楚——了解您的品牌的人越多，他们听到和与之互动的次数越多，品牌资产就越大。因此很明显，为了开发长期品牌价值，您需要开展扩大覆盖范围的活动。

广泛的覆盖范围定义为看到您的内容的总人数。我们有许多具体的渠道可以为您提供非常广泛的覆盖范围，如图 16-4 所示。

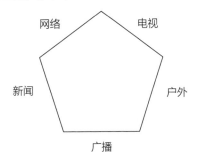

图 16-4　提升广泛覆盖范围的渠道

如何能确定覆盖范围的广度？

一方面，这取决于您使用的渠道。在电视等渠道中，根据渠道报价的覆盖范围和观众看到广告的频率，使用一种称为"总收视点"的系统。使用的公式是：

$$达到的受众 \times 曝光频率 = 总收视点$$

另一方面，如果使用在线广告，覆盖率计算为一段时间内看到广告的总人数。

如何提高覆盖范围的广度？

您可以使用许多关键技术来提高营销活动的广泛覆盖，如图 16-5 所示。

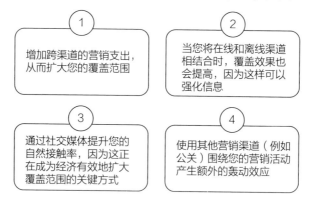

1
增加跨渠道的营销支出，从而扩大您的覆盖范围

2
当您将在线和离线渠道相结合时，覆盖效果也会提高，因为这样可以强化信息

3
通过社交媒体提升您的自然接触率，因为这正在成为经济有效地扩大覆盖范围的关键方式

4
使用其他营销渠道（例如公关）围绕您的营销活动产生额外的轰动效应

图 16-5　提高营销活动广泛覆盖的关键技术

请考虑如何扩大您品牌的覆盖范围。

声音份额

声音份额是一个相对指标，它着眼于与行业其他品牌相比，品牌的媒体支出和效果。从本质上讲，声音份额着眼于相对所有竞争对手，品牌的呼声到底有多响亮。它与"可重复性"的概念相关联，即相对市场上其他品牌，消费者听到您品牌的次数。声音份额越高越好。有趣的是，这就是为什么某些传统渠道仍然可以发挥极其重要作用的原因。例如，来自 Lumen[①] 的研究表明，当计算每注意力

---

① Lumen 是一家广告营销顾问公司。——译者注

秒的成本时，电视是最具成本效益的，并且可以在某些人群中达到最佳覆盖范围。这就是为什么广告主仍然为超级碗等媒体广告支付如此高的费用。因此，为了达到一系列品牌指标（当然是在预算允许的情况下！），与这些类型的渠道整合仍然非常重要。

$$声音份额 = 品牌在某类媒体支出中的份额 \div 该类媒体总支出$$

在当今的营销环境中，您的确有机会在无须不断增加媒体总预算的情况下增加声音份额。向社交媒体自然增长投资是提高您的声音份额的关键方法，因为这可以让您的社群放大您的信息。您还可以利用影响者营销和创造力的力量来提高可分享性和放大率（参见第 7 章和第 12 章）。

这也与拜伦·夏普（Byron Sharp）的另一个概念有关，即"心智显著性"（mental availability），也就是通过提高您的声音份额并不断成为客户心目中的焦点。您会增加他们对您品牌（相较于其他竞争品牌）关注的时长和记忆。当他们做出购买决定时，这将是非常有利的。请记住：当他们看到您的广告时，他们不太可能正要购买产品。因此，您需要想办法使您的广告保持在他们的脑海中，这样当他们确实有需要时，他们会将您的品牌置于所有其他竞争对手之上。

请写下一些可以增加品牌声音份额的方法。

市场份额

拜伦·夏普（Byron Sharp）在他的《品牌如何成长》一书中发现了销售和品牌之间的密切关系，也表明了市场份额也是品牌成长的关键驱动力。这导致了一个有趣的观点，即销售激活和品牌建设之间的关系显然具有双重好处，在创造收入的同时，也为长期的品牌建设带来了好处。因此，跟踪市场份额至关重要。市场份额可以定义为特定公司在行业中产生的总销售额的百分比。公式为：

$$市场份额 = 公司销售额 \div 一段时间内行业的总销售额$$

品牌情绪追踪

毫无疑问，任何强大品牌的核心都是它与受众建立强烈情感联系的能力。事实上，能够唤起消费者的情感是品牌健康的主要指标之一，因为这种情感唤醒创造了可亲近性和可分享性。

它对其他品牌驱动因素也有一系列影响。例如，如果您可以与观众建立情感联系，他们更有可能分享您的内容。这可以提高您的声音份额、覆盖范围和市场份额。

图 16-6 中的四个关键的品牌属性值得您追踪。

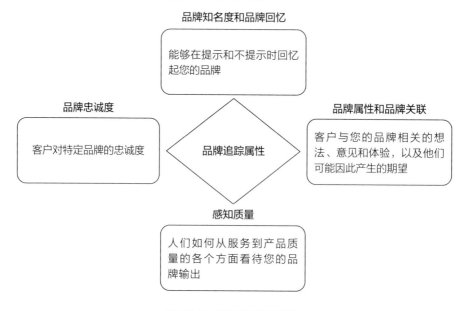

图 16-6 品牌追踪属性模型

定期研究并能够随着时间的推移跟踪这些情况，以了解客户对该领域的看法是如何演变的，做到这一点十分必要。其中一个好方法是建立一个由目标受众的典型代表组成的客户小组，您可以在不同的时间点调查这一小组，以确定他们对品牌的看法和反应发生了怎样的变化。

请考虑如何实施类似的流程来确定您的品牌认知如何变化。

将所有这些集中在一个地方，这样您就可以轻松且一目了然地看到完整的品牌图景。您可以通过创建一个包含实际和所需指标的仪表盘来实现这一点。

图 16-7 是您可以使用的模板。

广泛的覆盖范围			市场份额		
渠道	实际	期望		实际	期望
＿＿＿＿＿＿			品牌市场占有率及竞争对手市场占有率:		
＿＿＿＿＿＿			＿＿＿＿＿＿		
＿＿＿＿＿＿			＿＿＿＿＿＿		

声音份额			品牌情绪追踪		
	实际	期望		实际	期望
品牌媒体支出份额品类媒体总支出竞争对手媒体支出:			品牌跟踪:品牌知名度和品牌召回		
＿＿＿＿＿＿			品牌属性和品牌关联		
＿＿＿＿＿＿			感知质量		
			品牌忠诚度		

图 16-7　仪表盘模板

第二步：销售激活

在第二步中，我们会看看您可以在战术销售激活活动（也称为绩效营销）中使用的流行指标和测量技术。通常，此类活动有以下特点，如图 16-8 所示。

更具战术性和短期性

立即影响销售

针对性强

触发行动

图 16-8　销售激活活动的特点

这就是数字营销渠道通常会介入的部分，目的是向客户提供具有高度针对性和个性化的沟通，以期让他们迅速采取行动接受报价。

让我们将其分为三个阶段，如图 16-9 所示。

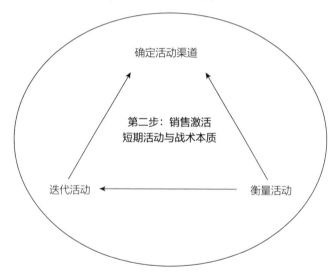

确定活动渠道

第二步：销售激活
短期活动与战术本质

迭代活动

衡量活动

图 16-9　销售激活活动的三个阶段

确定活动渠道

首先要确定您要使用的渠道类型。为了实现这一目标，您应该转向由三种不同类型的渠道组成的数字营销组合，如图 16-10 所示。

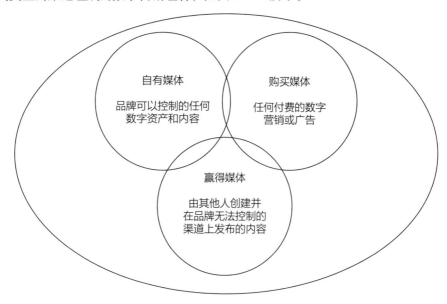

图 16-10　数字营销组合渠道模型

让我们更详细地探讨每个示例。

自有媒体允许您完全控制内容和渠道。图 16-11 里有一些例子。

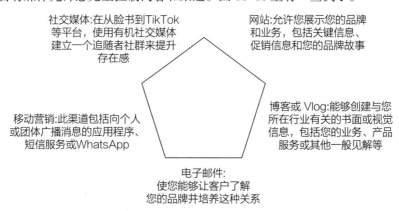

图 16-11　自媒体渠道示例

购买媒体就是付费做广告的渠道。图 16-12 里有些例子。

赞助搜索广告:
谷歌等搜索引擎上的付费
广告

影响者营销:
在社交媒体上借助拥有大量
追随者的人来推广您的产品
和服务

付费在线广告:
脸书、Instagram 或领英等
社交媒体平台上的付费广告

展示广告:
在各种网站上放置广告以提高
您品牌产品与服务的知名度

图 16-12　购买媒体渠道示例

赢得媒体是其他人对您的品牌、产品和服务给予正面评价。图 16-13 里有一些例子。

①

在线新闻报道:
在线杂志、报纸或其他
可靠的网站来报道您的
产品和服务

②

搜索引擎优化:
在谷歌上某些关键词
搜索的热门搜索结果
中排名靠前

图 16-13　赢得媒体渠道示例

请写下您将用于品牌的渠道类型。

衡量广告活动

在这些不同的渠道中，通常使用两种类型的指标：参与度指标和转化指标。

参与度指标由于数字分析的到来真正暴发了，您可以测量从用户的每次击键到整个网络旅程的几乎所有动作。但请注意，参与度指标往往有很高的数字，这听起来很酷，但并不能真正说明活动如何转化为公司利润增长。另外，转化指标表明您的营销活动会影响业务绩效。

大多数公司会不断报告参与度指标，但忽视转化指标。这样很难获得有关活动绩效的有意义的商业洞察。一个很好的例子是电子邮件打开率指标。

人们通常会自豪地谈论高电子邮件打开率。这不是一件坏事，但单独来看也并不是一件好事。我的意思是您可以有100%的打开率，但这对您的业务有什么影响？不是很大。但是，假设您添加了转化率等转化指标，这实际上可能非常具有启发性。那么现在假如您有100%的打开率而没有转化，对您的业务来说，这肯定有很大的启发意义。

因此，在销售激活活动中要结合参与度和转化指标，以呈现更有意义的数据。

问题是我们如何选择使用指标？

这就是营销漏斗模型的用武之地。该过程可以分为客户从了解产品或服务到购买的不同阶段。销售激活营销的目的是推动您的客户在一个很短时间范围内进行购买，因此我们可以使用这个框架来确定需要使用的指标和测量技术。值得注意的是，营销漏斗模型也可以用于品牌建设。您可以有效地将漏斗分为三个阶段，如图16-14所示。

图16-14 用于品牌建设的营销漏斗模型

基于这些，您可以建立一个参与度和转换指标的仪表盘，用来报告您的各种营销活动和其他活动。图16-15中列出一些需要考虑的关键参与度和转化指标的描述，它们按照营销渠道进行细分。

参与度指标　　　　　营销漏斗　　　　　转化指示

网站流量:网站访问者总数
停留时间:他们在一个会话中停留多长时间

潜在客户:潜在客户总数
跳出率:访客进入网站后然后迅速离开的人的百分比
点击率:从营销信息点击到网站的访问者数量
询问数/试用数:询问/试用产品/服务的人数

收入:总销售额
利润:总销售额减去成本
每次销售成本:总营销支出/销售数量
推荐数:收到的推荐数量
流失率:流失人员的百分比

意识产生

考虑

购买

浏览量:通讯/页面的总浏览量
唯一身份综合浏览量:通信/页面的总唯一身份综合浏览量

关注者:社交媒体上的粉丝数量
点赞/分享/评论:社交媒体上的参与度指标
打开率:电子邮件或消息打开的数量
每次访问页数:在一次会话中浏览的页面数

图16-15 关键参与度和转化指标描述

让我们来了解一下这些指标在组合时可以为您提供的潜在洞见。图 16-16 中有一些例子。

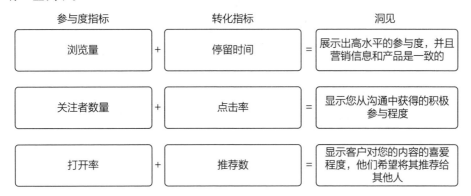

图 16-16　关键参与度和转化指标示例

好的，现在是时候为您的销售激活活动创建您自己的仪表盘了。您需要好好考虑的是，好的指标是什么，并为您希望通过每个指标实现的目标添加一些基准。请使用图 16-17 的模板来执行此操作。

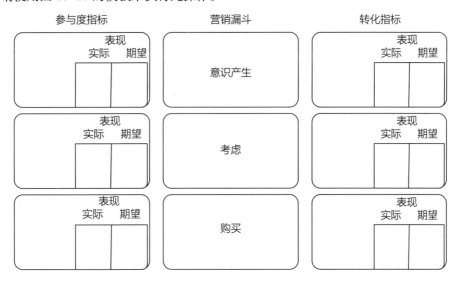

图 16-17　销售激活活动仪表盘模板

迭代活动

最后一个阶段是了解如何根据绩效迭代您的活动。为了实现这一点，您应该多次回到您的仪表盘以确定您的实际与期望绩效。在本书中，我们讨论了各种从测试中学习的方法来进行优化。关键是要建立一个测试基础设施和环境，您可以在其中测试每次营销活动的某个方面，以确定绩效是否有所提高。然后，您可以部署一系列 A/B 测试、测试与控制甚至计量经济学的技术来确定增量提升。

图 16-18 中的模板有助于实现这一点。您可以在进行迭代活动时使用该模板，以实现从测试中学习。

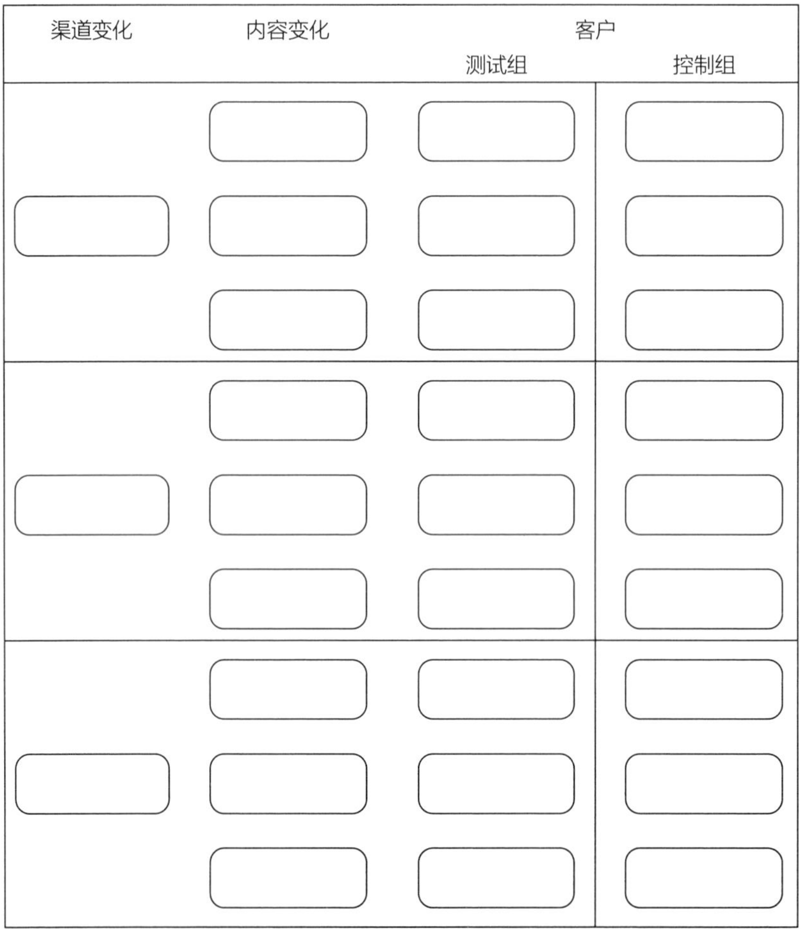

图 16-18　迭代销售活动模板

新营销系列丛书

新消费浪潮冲击着每一个行业，市场、与消费者接触的媒介悄然巨变，新锐品牌层出不穷，企业也需要重构认知，用创新性的数字营销思维、理论和手段重塑品牌与品类。

消费者行为学研究全球顶级大师迈克尔·R. 所罗门的深刻洞见，带你打破藩篱，揭示如何与新世代消费者互动和共鸣，如何在市场竞争中脱颖而出，建立下一代领先品牌。

ISBN：978-7-5043-9024-0
定价：79.00 元

美国最成功的风险投资与品牌全案营销先驱"红鹿角"联合创始人、品牌官艾米丽·海沃德的职业回忆录。

全世界新锐品牌从业者的圣经！

ISBN：978-7-5043-8951-0
定价：69.00 元

解密企业实现量化营销动态转型的 5 步法；

充分利用数字时代的大量可用数据，实施数据驱动营销转型的量化策略，助力企业在数据分析时代中竞争和取胜！

ISBN：978-7-5043-8819-3
定价：79.00 元

营销人必读之书！

这是一套动态的、以行动为导向的营销工具、技术和原则大全，让读者始终处于营销活动的领先地位。

ISBN：978-7-5043-9140-7
定价：89.00 元

30 天，如何吸粉百万

无论你是想推广业务、传播信息还是推广品牌，世界顶尖"增长黑客"都能帮你轻松搞定！

只需 30 天，坐享社交平台100 万关注量实战指南！

即将上市

扫码购书